新收入准则与企业所得税法差异分析

曹 越　何振华　郭建华◎著

Analysis of the Difference between the New Revenue Standard and the Enterprise Income Tax Law

中国人民大学出版社

·北 京·

前 言

2017年7月5日，财政部修订发布了《企业会计准则第14号——收入》(简称新收入准则)，这是我国企业会计准则体系修订完善、保持与国际财务报告准则持续全面趋同的重要成果。

这次修订是我国2006年发布收入准则和建造合同准则以来，财政部首次对收入相关准则进行的一次全面修订。修订的主要内容有：一是将现行收入和建造合同两项准则纳入统一的收入确认模型；二是以控制权转移替代风险报酬转移作为收入确认时点的判断标准；三是对于包含多重交易安排的合同的会计处理提供了更明确的指引；四是对于某些特定交易（或事项）的收入确认和计量给出了明确规定。

为了确保新收入准则积极稳妥实施，财政部推出了“分三步实施”的时间表：（1）在境内外同时上市的企业以及在境外上市并采用国际财务报告准则或企业会计准则编制财务报表的企业，自 2018 年 1 月 1 日起施行；（2）其他境内上市企业，自 2020 年 1 月 1 日起施行；（3）执行企业会计准则的非上市企业，自 2021 年 1 月 1 日起施行。同时，允许企业提前执行。

为了统一企业会计准则执行口径，财政部会计司于 2018 年 5 月组编出版了《〈企业会计准则第 14 号——收入〉应用指南》，对新收入准则涉及的有关重点难点问题提供了释例和操作性指引。随后，又发布新收入准则应用案例，涵盖运输服务、合同负债（不同增值税税率的储值卡、电商）、合同履约成本（酒店）以及亏损合同的处理。应用指南和应用案例为新收入准则进入操作层面奠定了坚实的基础。

自 2017 年新收入准则公布以来，我们承接了不少相关研究和教学工作。在研究和教学过程中发现，各方对学习和理解新收入准则与企业所得税法的差异还存在以下困难：一是准确理解新收入准则规定的内在逻辑、原理存在很大挑战。因为新收入准则销售商品确认收入的理念由原来的风险报酬转移、丧失控制权等 5 项条件转变为收入确认的“五步法模型”，并且强调从客户取得商品（含服务）控制权的维度来考虑收入确认。二是新收入准则与企业所得税法的差异比较几乎是空白。尚未有专门的书籍系统比较新收入准则及其应用指南与企业所得税法之间的差异，而在企业所得税年度汇算清缴实务中相关税会差异尤其值得关注。显然，若没有掌握新收入准则与企业所得税法之间的差异，将会对企业会计准则的实施以及企业所得税的征管、稽查和风险管理产生重大不利影响。三是企业财会人员、税务中介从业者、税务干部亟需学习新收入准则及其与企业所得税法之间的差异。这是企业会计准则有效实施和税收征管顺利进行的重要前提，但实务中缺乏将新收入准则与企业所得税法有机融合起来展开分析的书籍。

为了补齐我国当前新收入准则与企业所得税法差异学习培训的短板，做“立学为民、治学报国”精神的实践者与传承者，推进新收入准则的有效实施和企业所得税征管的顺利进行，我们尝试系统厘清新收入准则的原理，归纳总结准则要点，并与企业所得税法展开系统的差异分析，主要在以下七个方面进行了探索：一是收入概念比较；二是识别与客户订立的合同比较；三是识别合同中的单项履约义务比较；四是确定交易价格中新收入准则与税法比较；五是将交易价格分摊至各单项履约义务与税法比较；六是履行每一单项履约义务时确认收入与税法比较；七是特殊业务中收入确认与税法比较。

本书具有以下特点：

（1）以权威资料为蓝本，确保税会差异比较质量。本书以新收入准则、新收入准则应用指南、新收入准则应用案例为蓝本，并参考 2019 年注册会计师考试《会计》教材。同时，企业所得税相关法规都采纳当前有效的文件。权威的参考资料使得两者之间的差异比较具有针对性和操作性。

（2）重视归纳总结，确保内容可理解。新收入准则“五步法模型”与原收入准则收入确认理念存在重大差异，考虑到持续趋同的要求，新收入准则主要源于《国际财务报告准则第15号——与客户之间的合同产生的收入》（IASB于2014年5月发布，自2018年1月1日起生效）的直接翻译，语言较为晦涩难懂。这对初学者来说是重大考验。本书对每个重要知识点强化归纳总结，以“特别提示”呈现，帮助读者理解新收入准则及其与企业所得税法差异的重点内容，为掌握重要知识点奠定坚实基础。

（3）学院派与实践派紧密结合，确保税会差异比较理论与实务协调一致。本书作者涵盖全国会计领军人才、全国税务领军人才和国内知名会计准则培训专家，拥有深厚的理论功底、扎实的专业基础和丰富的实战经验。作者常年研究会计准则、研习税法、从事企业所得税汇算清缴与会计准则的培训和辅导工作，积累了丰富的经验，为读者深入理解新收入准则及其与企业所得税法的差异提供了重要保障。

本书是集体智慧的结晶，具体分工如下：曹越负责全书的总体设计、总纂、最终修改与定稿；何振华和曹越负责新收入准则与企业所得税差异比较；郭建华和曹越负责新收入准则重要知识点的归纳总结。本书写作过程中汲取了许多专家学者的研究成果，税务干部雷海波、廖先军和蔡舟同志提出了很多建设性意见，硕士研究生刘翀、桂芳做了大量基础性工作，并承担了繁杂的校对工作。我国企业所得税领域的著名专家、国家税务总局税务干部进修学院陈玉琢教授，天健会计师事务所高级合伙人、全国会计领军人才培养工程特殊支持计划入选者毛育晖博士以及国家税务总局湖南省税务局周春华同志分别认真审校了全书，并提出了宝贵的修改意见，令我们深受感动。在此一并表示衷心的感谢。

感谢全国会计领军人才（学术类）项目和全国税务领军人才项目对本书出版的大力支持。本书受全国会计领军人才（学术类）项目、全国税务领军人才项目和湖南财政与会计研究基地资助。感谢中国人民大学出版社编辑的认真编校。当然，囿于作者学识水平，书中难免出现疏漏和不足，恳请广大读者批评指正。我们期待全国兄弟院校师生和实务界的反馈意见(Email：fengyun8415@126.com)

本书可以作为会计、税收类本科生及研究生教学的参考书目以及财会人员、税务干部培训的参考读物。

曹　越　何振华　郭建华

目　录

CONTENTS

第一章　**会计收入与税法收入概念比较**　1

一、新收入准则中收入的定义　2

二、企业所得税法中收入的定义　4

三、企业所得税法中的收入概念及其会计处理　14

四、收入相关的会计科目和主要账务处理　17

第二章　**税法收入与会计收入确认原则比较**　23

一、企业所得税法收入的确认　23

二、新收入准则下会计收入确认的原则　30

三、新收入准则下会计收入确认和计量的“五步法”　31

第三章　**合同成本及其税务处理**　137

一、合同履约成本　137

二、合同取得成本　142

三、与合同履约成本和合同取得成本有关的资产的摊销和

减值 145

第四章 **特定交易的会计处理与税务处理** 147

一、附有销售退回条款的销售 148

二、附有质量保证条款的销售 156

三、主要责任人和代理人 162

四、附有客户额外购买选择权的销售 172

五、授予知识产权许可 182

六、售后回购 192

七、客户未行使的权利 199

八、无需退回的初始费 204

第五章 **列报规则及税务问题** 212

一、合同资产和合同负债 212

二、合同履约成本和合同取得成本 221

附录一 财政部关于修订印发《企业会计准则第 14 号——收入》的通知 223

附录二 企业会计准则第 14 号——收入 226

第一章/*Chapter One*

会计收入与税法收入概念比较

本章思维导图

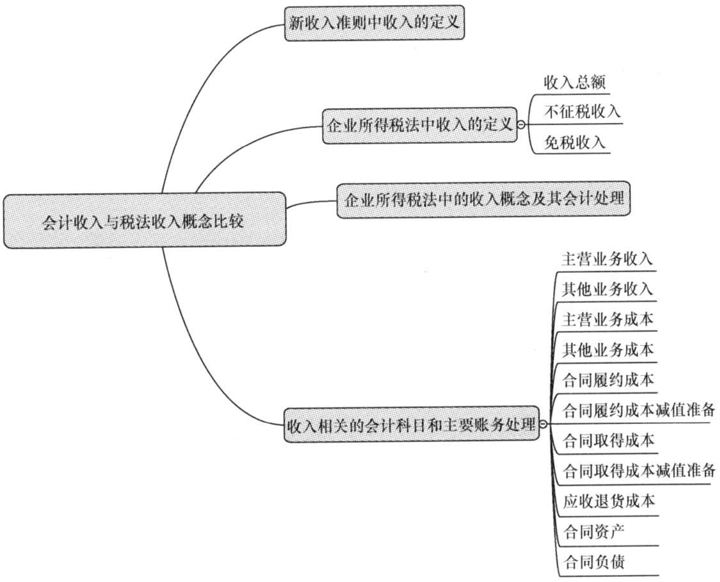

一、新收入准则中收入的定义

在市场经济条件下，追求利润最大化已成为企业经营的主要目标之一。收入是利润的来源，因此，获取收入是企业日常经营活动中最主要的目标之一，通过获得的收入补偿为此而发生的支出，以获得一定的利润。

收入是指企业在日常活动中形成的、会导致所有者权益增加的、与所有者投入资本无关的经济利益的总流入。

其中，日常活动是指企业为完成其经营目标所从事的经常性活动以及与之相关的活动。例如，工业企业制造并销售产品，商品流通企业销售商品，咨询企业提供咨询服务，软件企业为客户开发软件，安装企业提供安装服务，建筑企业提供建造服务等，均属于企业的日常活动。

【特别提示1】

收入定义强调“日常活动”，如果不是日常活动经济利益的流入，则为“利得”。

【特别提示2】

“会导致所有者权益增加”是因为收入的实现会增加营业利润、

利润总额，考虑企业所得税之后会增加净利润，而净利润按《公司法》的规定进行分配：首先是提取法定盈余公积，计入“盈余公积——法定盈余公积”；其次是经股东会或股东大会决议提取任意盈余公积，计入“盈余公积——任意盈余公积”；再次是向投资者分配利润，计入“应付股利”或“应付利润”；最后未分配的部分，形成“利润分配——未分配利润”。简而言之，就是收入的增加会导致净利润的增加，而净利润的走向分为对内分配、对外分配和未分配，那么对内分配（形成“盈余公积”）和未分配（形成“利润分配——未分配利润”）都属于所有者权益。所以，收入的实现会导致所有者权益的增加。

【特别提示3】

根据《公司法》第一百六十六条的规定，公司分配当年税后利润时，应当提取利润的10%列入公司法定公积金。公司法定公积金累计额为公司注册资本50%以上的，可以不再提取。公司从税后利润中提取法定公积金后，经股东会或股东大会决议，还可以从税后利润中提取任意公积金。

【特别提示4】

“与所有者投入资本无关”，因为所有者投入资本，计入“实收资本/股本”“资本公积——资本溢价/股本溢价”。

【特别提示5】

会计准则中关于“收入”的定义，三要素（日常活动＋导致所有者权益增加＋与所有者投入资本无关）缺一不可。

收入具有以下特征：

（1）收入是企业在日常活动中形成的；

（2）收入会导致经济利益的流入，但不包括所有者投入的资本；

（3）收入的取得可能表现为企业资产的增加或负债的减少，或者两者兼而有之，最终会导致所有者权益的增加。

企业确认收入的方式应当反映其向客户转让商品或提供服务的模式，收入的金额应当反映企业因转让这些商品或提供这些服务而预期有权收取的对价金额，以如实反映企业的生产经营成果，核算企业实现的损益。

二、企业所得税法中收入的定义

（一）收入总额

1. 收入总额构成

《企业所得税法》第六条规定：企业以货币形式和非货币形式从各种来源取得的收入，为收入总额，包括：（1）销售货物收入；（2）提供劳务收入；(3) 转让财产收入；(4) 股息、红利等权益性投资收益；(5) 利息收入；(6) 租金收入；(7) 特许权使用费收入；(8) 接受捐赠收入；(9) 其他收入。

2. 有关收入总额的相关规定

《企业所得税法实施条例》第十二条至第二十六条进一步明确了收入的相关规定。

(1) 企业取得收入的货币形式，包括现金、存款、应收账款、应收票据、准备持有至到期的债券投资以及债务的豁免等。

企业取得收入的非货币形式，包括固定资产、生物资产、无形资产、股权投资、存货、不准备持有至到期的债券投资、劳务以及有关权益等。企业以非货币形式取得的收入，应当按照公允价值确定收入额。公允价值，是指按照市场价格确定的价值。

1) 销售货物收入，是指企业销售商品、产品、原材料、包装物、低值易耗品以及其他存货取得的收入。

2) 提供劳务收入，是指企业从事建筑安装、修理修配、交通运输、仓储租赁、金融保险、邮电通信、咨询经纪、文化体育、科学研究、技术服务、教育培训、餐饮住宿、中介代理、卫生保健、社区服务、旅游、娱乐、加工以及其他劳务服务活动取得的收入。

3) 转让财产收入，是指企业转让固定资产、生物资产、无形资产、股权、债权等财产取得的收入。

4) 股息、红利等权益性投资收益，是指企业因权益性投资从被投资方取得的收入。股息、红利等权益性投资收益，除国务院财政、税务主管部门另有规定外，按照被投资方做出利润分配决定的日期确认收入的实现。

5）利息收入，是指企业将资金提供他人使用但不构成权益性投资，或者因他人占用本企业资金取得的收入，包括存款利息、贷款利息、债券利息、欠款利息等收入。利息收入，按照合同约定的债务人应付利息的日期确认收入的实现。

6）租金收入，是指企业提供固定资产、包装物或者其他有形资产的使用权取得的收入。租金收入，按照合同约定的承租人应付租金的日期确认收入的实现。

【特别提示】

根据《国家税务总局关于贯彻落实企业所得税法若干税收问题的通知》（国税函〔2010〕79号）第一条的规定，如果交易合同或协议中规定租赁期限跨年度，且租金提前一次性支付的，根据《企业所得税法实施条例》第九条规定的收入与费用配比原则，出租人可对上述已确认的收入，在租赁期内，分期均匀计入相关年度收入。出租方如为在我国境内设有机构场所且采取据实申报缴纳企业所得税的非居民企业，也按本条规定执行。

7）特许权使用费收入，是指企业提供专利权、非专利技术、商标权、著作权以及其他特许权的使用权取得的收入。特许权使用费收入，按照合同约定的特许权使用人应付特许权使用费的日期确认收入的实现。

【特别提示】

接合同约定的日期确认收入的实现，包括：利息收入、租金收入和特许权使用费收入，可简记为“利＋租＋特”。

8）接受捐赠收入，是指企业接受的来自其他企业、组织或者个人无偿给予的货币性资产、非货币性资产。接受捐赠收入，按照实际收到捐赠资产的日期确认收入的实现。

9）其他收入，包括企业资产溢余收入、逾期未退包装物押金收入、确实无法偿付的应付款项、已作坏账损失处理后又收回的应收款项、债务重组收入、补贴收入、违约金收入、汇兑收益等。

（2）企业的下列生产经营业务可以分期确认收入的实现：

1）以分期收款方式销售货物的，按照合同约定的收款日期确认收入的实现。

2）企业受托加工制造大型机械设备、船舶、飞机，以及从事建筑、安装、装配工程业务或者提供其他劳务等，持续时间超过12个月的，按照纳税年度内完工进度或者完成的工作量确认收入的实现。

（3）采取产品分成方式取得收入的，按照企业分得产品的日期确认收入的实现，其收入额按照产品的公允价值确定。

（4）企业发生非货币性资产交换，以及将货物、财产、劳务用于捐赠、偿债、赞助、集资、广告、样品、职工福利或者利润分配等用途的，应当视同销售货物、转让财产或者提供劳务，但国务院财政、税务主管部门另有规定的除外。

（二）不征税收入

《企业所得税法》第七条规定，收入总额中的下列收入为不征税收入：

（1）财政拨款；

（2）依法收取并纳入财政管理的行政事业性收费、政府性基金；

（3）国务院规定的其他不征税收入①。

具体解释如下：

（1）财政拨款，是指各级人民政府对纳入预算管理的事业单位、社会团体等组织拨付的财政资金，但国务院和国务院财政、税务主管部门另有规定的除外。

（2）行政事业性收费，是指依照法律、行政法规等有关规定，按照国务院规定程序批准，在实施社会公共管理，以及在向公民、法人或者其他组织提供特定公共服务过程中，向特定对象收取并纳入财政管理的费用。

（3）政府性基金，是指企业依照法律、行政法规等有关规定，

① 主要是专款专用的财政资金。

代政府收取的具有专项用途的财政资金。

（4）其他不征税收入，是指企业取得的，由国务院财政、税务主管部门规定专项用途并经国务院批准的财政性资金。

【特别提示1】

企业的不征税收入用于支出所形成的费用，不得在计算应纳税所得额时扣除；企业的不征税收入用于支出所形成的资产，其计算的折旧、摊销不得在计算应纳税所得额时扣除（财税〔2008〕151号、财税〔2011〕70号）。

【特别提示2】

企业将符合规定条件的财政性资金作不征税收入处理后，在5年（60个月）内未发生支出且未缴回财政部门或其他拨付资金的政府部门的部分，应计入取得该资金第6年的应税收入总额；计入应税收入总额的财政性资金发生的支出，允许在计算应纳税所得额时扣除（财税〔2011〕70号）。

（三）免税收入

《企业所得税法》第二十六条规定，企业的下列收入为免税收入：

（1）国债利息收入；

（2）符合条件的居民企业之间的股息、红利等权益性投资收益；

（3）在中国境内设立机构、场所的非居民企业从居民企业取得与该机构、场所有实际联系的股息、红利等权益性投资收益；

（4）符合条件的非营利公益组织的收入。

具体解释如下：

（1）国债利息收入，是指企业持有国务院财政部门发行的国债取得的利息收入。国债利息及转让收入税务处理具体如表 1－1 所示。

表 1－1　国债利息及转让收入税务处理

情形	税务处理
企业从发行者直接购买的国债持有至到期	从发行者取得的国债利息收入，全额免征企业所得税。
企业到期前转让国债或者从非发行者购买的国债	其持有期间尚未兑付的国债利息收入，免征企业所得税。 国债利息收入＝国债金额×(适用年利率÷365)×持有天数 国债金额按照国债发行面值或发行价格确定。
	转让国债收益(损失)＝企业转让或到期兑付国债取得的价款－购买国债成本－持有期间尚未兑付的国债利息收入－交易过程中相关税费 企业转让国债取得的收益（损失）应计算纳税。

国债利息收入确认时间如表 1－2 所示。

表 1-2　国债利息收入确认时间

<table>
<tr><th colspan="2">国债</th><th>收入确认时间</th></tr>
<tr><td rowspan="2">利息收入</td><td>投资持有</td><td>应以国债发行时约定应付利息的日期确认利息收入的实现。</td></tr>
<tr><td>转让</td><td>应在国债转让收入确认时确认利息收入的实现。</td></tr>
<tr><td rowspan="2">转让收入</td><td>未到期转让</td><td>应在转让国债合同、协议生效的日期或者国债移交时确认转让收入的实现。</td></tr>
<tr><td>到期兑付</td><td>应在国债发行时约定的应付利息的日期确认国债转让收入的实现。</td></tr>
</table>

（2）符合条件的居民企业之间的股息、红利等权益性投资收益，是指居民企业直接投资于其他居民企业取得的投资收益。

企业发行的永续债，可以适用股息、红利企业所得税政策，即投资方取得的永续债利息收入属于股息、红利性质，按照现行企业所得税政策相关规定进行处理。其中，发行方和投资方均为居民企业的，永续债利息收入可以适用《企业所得税法》规定的居民企业之间的股息、红利等权益性投资收益免征企业所得税，同时，发行方支付的永续债利息支出不得在企业所得税税前扣除（财政部 税务总局公告 2019 年第 64 号）。

永续债是指经国家发展和改革委员会、中国人民银行、中国银行保险监督管理委员会、中国证券监督管理委员会核准，或经中国银行间市场交易商协会注册、中国证券监督管理委员会授权的证券自律组织备案，依照法定程序发行、附赎回（续期）选择权或无明确到期日的债券，包括可续期企业债、可续期公司债、永续债务融资工具（含永续票据）、无固定期限资本债券等。

企业发行符合规定条件的永续债，也可以按照债券利息适用企业所得税政策，即发行方支付的永续债利息支出准予在其企业所得税税前扣除；投资方取得的永续债利息收入应当依法纳税（财政部税务总局公告2019年第64号）。

符合规定条件的永续债，是指符合下列条件中5条（含）以上的永续债：

1）被投资企业对该项投资具有还本义务；

2）有明确约定的利率和付息频率；

3）有一定的投资期限；

4）投资方对被投资企业净资产不拥有所有权；

5）投资方不参与被投资企业日常生产经营活动；

6）被投资企业可以赎回，或满足特定条件后可以赎回；

7）被投资企业将该项投资计入负债；

8）该项投资不承担被投资企业股东同等的经营风险；

9）该项投资的清偿顺序位于被投资企业股东持有的股份之前。

【特别提示】

上述规定实质上强调永续债作为负债处理的关键特征是：不是企业风险的最终承担者。

（3）在中国境内设立机构、场所的非居民企业从居民企业取得与该机构、场所有实际联系的股息、红利等权益性投资收益。

居民企业和非居民企业取得的上述免税的权益性投资收益，不包括连续持有居民企业公开发行并上市流通的股票不足12个月取得的投资收益。

（4）非营利组织的下列收入为免税收入（财税〔2009〕122号）：

1）接受其他单位或者个人捐赠的收入。

2）财政拨款以外的其他政府补助收入，但不包括因政府购买服务取得的收入。

3）按照省级以上民政、财政部门规定收取的会费。

4）不征税收入和免税收入孳生的银行存款利息收入。

5）财政部、国家税务总局规定的其他收入。

（5）对企业和个人取得的2009年以后发行的地方政府债券利息所得，免征企业所得税和个人所得税。地方政府债券是指经国务院批准，以省、自治区、直辖市和计划单列市政府为发行和偿还主体的债券（财税〔2011〕76号、财税〔2013〕5号）。

（6）保险保障基金收入（财税〔2018〕41号）。对中国保险保障基金有限责任公司根据《保险保障基金管理办法》取得的下列收入，免征企业所得税：

1）境内保险公司依法缴纳的保险保障基金。

2）依法从撤销或破产保险公司清算财产中获得的受偿收入和向有关责任方追偿所得，以及依法从保险公司风险处置中获得的财产转让所得。

3）捐赠所得。

4）银行存款利息收入。

5）购买政府债券、中央银行、中央企业和中央级金融机构发行债券的利息收入。

6）国务院批准的其他资金运用取得的收入。

【特别提示】

用免税收入购买资产形成的折旧、摊销等费用支出，可以在企业所得税税前扣除。

三、企业所得税法中的收入概念及其会计处理

不难看出，企业所得税法中收入的概念与内涵远比新收入准则中收入的概念与内涵要广，前者的内涵包括后者。下面根据企业所得税法中收入包括的内容逐项分析。

（1）销售货物收入和提供劳务收入，会计上计入“主营业务收入”或“其他业务收入”。

（2）转让财产收入，会计上计入“资产处置损益”（固定资产、无形资产、生产性生物资产处置）、“投资收益”（金融商品转让）等。

（3）股息、红利等权益性投资收益，会计上计入“投资收益”。

（4）利息收入，会计上一般企业计入“财务费用”，金融企业计

入“利息收入”。

（5）租金收入，会计上一般企业计入“其他业务收入”，租赁公司计入“租赁收入”。

（6）接受捐赠收入，会计上计入“营业外收入”。

（7）其他收入中：

1）企业资产溢余收入，若资产为流动资产，会计上一般冲减“管理费用”；若资产为非流动资产，会计上将其作为重大会计差错更正处理，计入“以前年度损益调整”。

2）逾期未退包装物押金收入、确实无法偿付的应付款项、债务重组收入、违约金收入，会计上计入“营业外收入”。

3）补贴收入，会计上一般计入“其他收益”（政府补助核算总额法下与日常活动有关）或冲减成本费用（政府补助核算净额法下与日常活动有关）、“营业外收入”（政府补助核算总额法下与日常活动无关）或冲减损失（政府补助核算净额法下与日常活动无关）。

【特别提示】

通常情况下，若政府补助补偿的成本费用是营业利润之中的项目，或该补助与日常销售等经营行为密切相关（如增值税即征即退等），则认为该政府补助与日常活动相关。

汇兑收益，若属于外币货币性资产，如债务工具投资：债权投资、其他债权投资、交易性金融资产，则会计上计入“财务费用”；

若属于外币非货币性资产，如作为权益工具投资的交易性金融资产，则会计上计入“公允价值变动损益”，而作为其他权益工具投资的金融资产，会计上计入“其他综合收益”。企业为购建或生产符合资本化条件的资产而借入的专门借款为外币借款时，在借款费用资本化期间内，由于外币借款在取得日、使用日及结算日的汇率不同而产生的汇兑收益，应当予以资本化，计入“固定资产”成本。以外币购入存货并且该存货在资产负债表日的可变现净值以外币反映，计提存货跌价准备时，应当考虑汇率变动的影响。对于汇率的变动和计提存货跌价准备的金额不进行区分，计入“资产减值损失”。

已作坏账损失处理后又收回的应收款项，会计上并未计入损益，其账务处理为：

借：应收账款

　贷：坏账准备

同时，

借：银行存款

　贷：应收账款

不征税收入中的财政拨款与其他不征税收入，会计上一般作为政府补助处理，通常最终计入“其他收益”（财政补助核算总额法下与日常活动有关）或“营业外收入”（财政补助核算总额法下与日常活动无关）、冲减相关成本费用（财政补助核算净额法下与日常活动有关）或冲减相关损失（财政补助核算净额法下与日常活动无关）。不征税收入中的行政事业性收费与政府性基金，一般需要上缴财政，不计入损益。

四、收入相关的会计科目和主要账务处理

（一）“主营业务收入”

本科目核算企业确认的销售商品、提供服务等主营业务的收入。

（1）企业在履行了合同中的单项履约义务时，应按照已收或应收的合同价款，加上应收取的增值税额，借记“银行存款”“应收账款”“应收票据”“合同资产”等科目；按应确认的收入金额，贷记本科目；按应收取的增值税额，贷记“应交税费——应交增值税（销项税额）”“应交税费——待转销项税额”等科目。

（2）合同中存在企业为客户提供重大融资利益的，企业应按照应收合同价款，借记“长期应收款”等科目；按照假定客户在取得商品控制权时即以现金支付而需支付的金额（即现销价格）确定的交易价格，贷记本科目；按其差额，贷记“未实现融资收益”科目。合同中存在客户为企业提供重大融资利益的，企业应按照已收合同价款，借记“银行存款”等科目；按照假定客户在取得商品控制权时即以现金支付的应付金额（即现销价格）确定的交易价格，贷记“合同负债”等科目；按其差额，借记“未确认融资费用”科目。涉及增值税的，还应进行相应的处理。

（3）企业收到的对价为非现金资产时，应按该非现金资产在合

同开始日的公允价值，借记“库存商品”“固定资产”“无形资产”等有关科目，贷记本科目。涉及增值税的，还应进行相应的处理。

（二）“其他业务收入”

本科目核算企业确认的除主营业务活动以外的其他经营活动实现的收入，包括出租固定资产、出租无形资产、出租包装物和商品、销售材料、用材料进行非货币性资产交换（非货币性资产交换具有商业实质且公允价值能够可靠计量）或债务重组等实现的收入。

企业确认“其他业务收入”的主要账务处理参见“主营业务收入”科目。

（三）“主营业务成本”

本科目核算企业确认销售商品、提供服务等主营业务收入时应结转的成本。

期末，企业应根据本期销售各种商品、提供各种服务等实际成本，计算应结转的主营业务成本，借记本科目，贷记“库存商品”“合同履约成本”等科目。

（四）“其他业务成本”

本科目核算企业确认的除主营业务活动以外的其他经营活动所发生的支出，包括销售材料的成本、出租固定资产的折旧额、出租无形资产的摊销额、出租包装物的成本或摊销额等。采用成本模式计量投资性房地产的，其投资性房地产计提的折旧额或摊销额，也通过本科目核算。

企业发生的其他业务成本，借记本科目，贷记“原材料”“周转材料”等科目。

（五）“合同履约成本”

本科目核算企业为履行当前或预期取得的合同所发生的、不属于其他企业会计准则规范范围且按照新收入准则应当确认为一项资产的成本。企业因履行合同而产生的毛利不在本科目核算。本科目可按合同，分“服务成本”“工程施工”等进行明细核算。

企业发生上述合同履约成本时，借记本科目，贷记“银行存款”“应付职工薪酬”“原材料”等科目；对合同履约成本进行摊销时，借记“主营业务成本”“其他业务成本”等科目，贷记本科目。涉及增值税的，还应进行相应的处理。本科目期末借方余额，反映企业尚未结转的合同履约成本。

（六）“合同履约成本减值准备”

本科目核算与合同履约成本有关的资产的减值准备。

与合同履约成本有关的资产发生减值的，按应减记的金额，借记“资产减值损失”科目，贷记本科目；转回已计提的资产减值准备时，做相反的会计分录。

(七)“合同取得成本”

本科目核算企业取得合同发生的、预计能够收回的增量成本。

企业发生上述合同取得成本时，借记本科目，贷记“银行存款”“其他应付款”等科目；对合同取得成本进行摊销时，按照其相关性借记“销售费用”等科目，贷记本科目。涉及增值税的，还应进行相应的处理。

(八)“合同取得成本减值准备”

本科目核算与合同取得成本有关的资产的减值准备。

与合同取得成本有关的资产发生减值的，按应减记的金额，借记“资产减值损失”科目，贷记本科目；转回已计提的资产减值准备时，做相反的会计分录。

(九)“应收退货成本”

本科目核算销售商品时预期将退回商品的账面价值，扣除收回该商品预计发生的成本（包括退回商品的价值减损）后的余额。

企业发生附有销售退回条款销售的，应在客户取得相关商品控制权时，按照已收或应收合同价款，借记“银行存款”“应收账款”“应收票据”“合同资产”等科目；按照因向客户转让商品而预期有权收取的对价金额（即不包含预期因销售退回将退还的金额），贷记“主营业务收入”“其他业务收入”等科目；按照预期因销售退回将退还的金额，贷记“预计负债——应付退货款”等科目。

结转相关成本时，按照预期将退回商品转让时的账面价值，扣除收回该商品预计发生的成本（包括退回商品的价值减损）后的余额，借记本科目；按照已转让商品转让时的账面价值，贷记“库存商品”等科目；按其差额，借记“主营业务成本”“其他业务成本”等科目。涉及增值税的，还应进行相应的处理。

本科目期末借方余额，反映企业预期将退回商品转让时的账面价值，扣除收回该商品预计发生的成本（包括退回商品的价值减损）后的余额，在资产负债表中按其流动性计入“其他流动资产”或“其他非流动资产”项目。

（十）“合同资产”

本科目核算企业已向客户转让商品而有权收取对价的权利。仅取决于时间流逝因素的权利不在本科目核算。

企业在客户实际支付合同对价或在该对价到期应付之前，已经向客户转让了商品的，应当按因已转让商品而有权收取的对价金额，借记本科目或“应收账款”科目，贷记“主营业务收入”“其他业务收入”等科目；企业取得无条件收款权时，借记“应收账款”等科目，贷记本科目。

（十一）“合同负债”

本科目核算企业已收或应收客户对价而应向客户转让商品的

义务。

企业在向客户转让商品之前，客户已经支付了合同对价或企业已经取得了无条件收取合同对价权利的，企业应当在客户实际支付款项与到期应支付款项孰早时点，按照该已收或应收的金额，借记“银行存款”“应收账款”“应收票据”等科目，贷记本科目；企业向客户转让相关商品时，借记本科目，贷记“主营业务收入”“其他业务收入”等科目。涉及增值税的，还应进行相应的处理。

企业因转让商品收到的预收款适用新收入准则进行会计处理时，不再使用“预收账款”科目及“递延收益”科目。

第二章/*Chapter Two*

税法收入与会计收入确认原则比较

本章思维导图

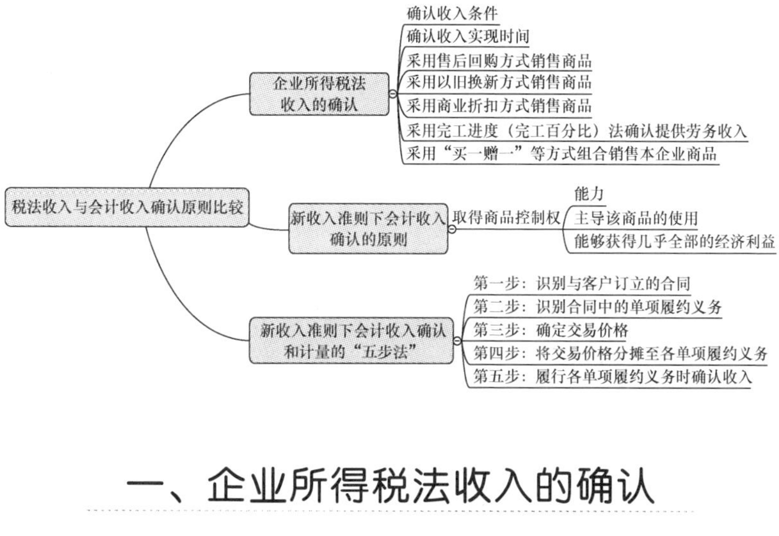

一、企业所得税法收入的确认

《国家税务总局关于确认企业所得税收入若干问题的通知》（国税函〔2008〕875 号）规定：除《企业所得税法》及其实施条例另有

规定外，企业销售收入的确认，必须遵循权责发生制原则和实质重于形式原则。

（一）企业销售商品同时满足下列条件的，应确认收入的实现

（1）商品销售合同已经签订，企业已将商品所有权相关的主要风险和报酬转移给购货方。

（2）企业对已售出的商品既没有保留通常与所有权相联系的继续管理权，也没有实施有效控制。

（3）收入的金额能够可靠地计量。

（4）已发生或将发生的销售方的成本能够可靠地核算。

【特别提示1】

上述四条可以简记为“风险报酬转移＋丧失控制权＋收入可靠计量＋成本可靠核算”。

【特别提示2】

企业所得税法中企业销售商品确认收入的四个条件均来源于原收入准则中收入确认的五个条件之中，仅仅少了“与收入有关的经济利益很可能流入企业”这一条。而新收入准则中收入确认按“五步法”模型展开，理论上讲，企业所得税法收入确认也应该借鉴新收入准则中收入确认“五步法”而进行调整。

(二) 符合 (一) 收入确认条件，采取下列商品销售方式的应按以下规定确认收入实现时间

(1) 销售商品采用托收承付方式的，在办妥托收手续时确认收入。

(2) 销售商品采取预收款方式的，在发出商品时确认收入。

(3) 销售商品需要安装和检验的，在购买方接受商品以及安装和检验完毕时确认收入。如果安装程序比较简单，可在发出商品时确认收入。

(4) 销售商品采用支付手续费方式委托代销的，在收到代销清单时确认收入。

【特别提示】

上述收入实现时间的规定与原收入准则中确认收入实现时间保持一致。新收入准则尚未对收入实现时间做出明确规定。因此，本书认为，新收入准则确认收入的实现时间仍可参照上述规定。

(三) 采用售后回购方式销售商品的，销售的商品按售价确认收入，回购的商品作为购进商品处理

有证据表明不符合销售收入确认条件的，如以销售商品方式进行融资，收到的款项应确认为负债，回购价格大于原售价的，差额应在回购期间确认为利息费用。

【特别提示】

上述规定与原收入准则的会计处理保持一致，仅与新收入准则售后回购中“回购价大于售价”情形保持一致。

（四）销售商品以旧换新的，销售商品应当按照销售商品收入确认条件确认收入，回收的商品作为购进商品处理

【特别提示】

上述规定与会计处理保持一致。

（五）企业为促进商品销售而在商品价格上给予的价格扣除属于商业折扣，商品销售涉及商业折扣的，应当按照扣除商业折扣后的金额确定销售商品收入金额

债权人为鼓励债务人在规定期限内付款而向债务人提供的债务扣除属于现金折扣。销售商品涉及现金折扣的，应当按扣除现金折扣前的金额确定销售商品收入金额，现金折扣在实际发生时作为财务费用扣除。

【特别提示】

上述规定与会计处理之间存在差异。新收入准则将现金折扣作为可变对价处理，使用期望值或最可能发生的金额法并考虑对可变

对价估计限制的影响，来估计企业有权获得的可变对价金额。即会计上确认的收入金额要考虑现金折扣的影响，小于税法上确认的销售商品收入金额。

值得注意的是，企业所得税中的“商业折扣”和“现金折扣”概念，分别对应增值税中的“折扣销售”和“销售折扣”。在理解时，“折扣销售”是先折扣后销售，属于商业折扣；而“销售折扣”是先销售，后根据客户还款期限给予折扣，这是典型的现金折扣。另外，折扣销售要求折扣额和销售额需要在同一张发票里的金额栏内注明，否则折扣额不能从增值税销售额中扣除。

企业因售出商品的质量不合格等原因而在售价上给予的减让属于销售折让；企业因售出商品质量、品种不符合要求等原因而发生的退货属于销售退回。企业已经确认销售收入的售出商品发生销售折让和销售退回，应当在发生当期冲减当期销售商品收入。

【特别提示】

上述规定与会计处理保持一致。

（六）企业在各个纳税期末，提供劳务交易的结果能够可靠估计的，应采用完工进度（完工百分比）法确认提供劳务收入

（1）提供劳务交易的结果能够可靠估计，是指同时满足下列条件：

1）收入的金额能够可靠地计量；

2）交易的完工进度能够可靠地确定；

3）交易中已发生和将发生的成本能够可靠地核算。

（2）企业提供劳务完工进度的确定，可选用下列方法：

1）已完成工作的测量；

2）已提供劳务占劳务总量的比例；

3）发生成本占总成本的比例。

（3）企业应按照从接受劳务方已收或应收的合同或协议价款确定劳务收入总额，根据纳税期末提供劳务收入总额乘以完工进度扣除以前纳税年度累计已确认提供劳务收入后的金额，确认为当期劳务收入；同时，按照提供劳务估计总成本乘以完工进度扣除以前纳税期间累计已确认劳务成本后的金额，结转为当期劳务成本。

【特别提示】

新收入准则规定，企业应当在履行了合同中的履约义务，即客户取得相关商品控制权时确认收入。企业将商品的控制权转移给客户，该转移可能在某一时段内（即履行履约义务的过程中）发生，也可能在某一时点（即履约义务完成时）发生。上述内容对应新收入准则中属于在某一时段内履行的履约义务。新收入准则将原收入准则和建造合同准则合二为一，将建造合同准则中的“完工百分比/完工进度”修改为“履约进度”，收入确认处理方法与企业所得税法保持一致，但是新收入准则结转的当期劳务成本，即为当期实际发生的合同履约成本。

（4）下列提供劳务满足收入确认条件的，应按规定确认收入：

1）安装费。应根据安装完工进度确认收入。安装工作是商品销售附带条件的，安装费在确认商品销售实现时确认收入。

2）宣传媒介的收费。应在相关的广告或商业行为出现于公众面前时确认收入。广告的制作费，应根据制作广告的完工进度确认收入。

3）软件费。为特定客户开发软件的收费，应根据开发的完工进度确认收入。

4）服务费。包含在商品售价内可区分的服务费，在提供服务的期间分期确认收入。

5）艺术表演、招待宴会和其他特殊活动的收费。在相关活动发生时确认收入。收费涉及几项活动的，预收的款项应合理分配给每项活动，分别确认收入。

6）会员费。申请入会或加入会员，只允许取得会籍，所有其他服务或商品都要另行收费的，在取得该会员费时确认收入。申请入会或加入会员后，会员在会员期内不再付费就可得到各种服务或商品，或者以低于非会员的价格销售商品或提供服务的，该会员费应在整个受益期内分期确认收入。

7）特许权费。属于提供设备和其他有形资产的特许权费，在交付资产或转移资产所有权时确认收入；属于提供初始及后续服务的特许权费，在提供服务时确认收入。

8）劳务费。长期为客户提供重复的劳务收取的劳务费，在相关劳务活动发生时确认收入。

【特别提示】

上述规定与原收入准则保持一致，新收入准则中尚未有相关规定。因此，本书认为，实务中执行新收入准则时，上述规定仍可适用。

（七）企业以“买一赠一”等方式组合销售本企业商品的，不属于捐赠，应将总的销售金额按各项商品的公允价值的比例来分摊确认各项销售收入

【特别提示】

新收入准则中对于“买一赠一”方式组合销售本企业商品的，应将销售总额按“单独售价”的比例来分摊计入各项商品销售收入。

二、新收入准则下会计收入确认的原则

企业应当在履行了合同中的履约义务，即在客户取得相关商品控制权时确认收入。

取得相关商品控制权，是指能够主导该商品的使用并从中获得几乎全部的经济利益，也包括有能力阻止其他方主导该商品的使用

并从中获得经济利益。

取得商品控制权同时包括下列三项要素：

一是能力。企业只有在客户拥有现时权利，能够主导该商品的使用并从中获得几乎全部经济利益时，才能确认收入。如果客户只能在未来的某一期间主导该商品的使用并从中获益，则表明其尚未取得该商品的控制权。

二是主导该商品的使用。客户有能力主导该商品的使用，是指客户在其活动中有权使用该商品，或者能够允许或阻止其他方使用该商品。

三是能够获得几乎全部的经济利益。商品的经济利益，是指该商品的潜在现金流量，既包括现金流入的增加，也包括现金流出的减少。客户可以通过使用、消耗、出售、处置、交换、抵押或持有等多种方式直接或间接地获得商品的经济利益。

【特别提示】

上述规定可总结为：能力+主导使用+获取利益。

三、新收入准则下会计收入确认和计量的“五步法”

收入确认和计量大致分为五步：

第一步，识别与客户订立的合同；

第二步，识别合同中的单项履约义务；

第三步，确定交易价格；

第四步，将交易价格分摊至各单项履约义务；

第五步，履行各单项履约义务时确认收入。

其中，第一步、第二步和第五步主要与收入的确认有关，第三步和第四步主要与收入的计量有关。

（一）识别与客户订立的合同

识别与客户订立的合同的要点如图 2－1 所示。

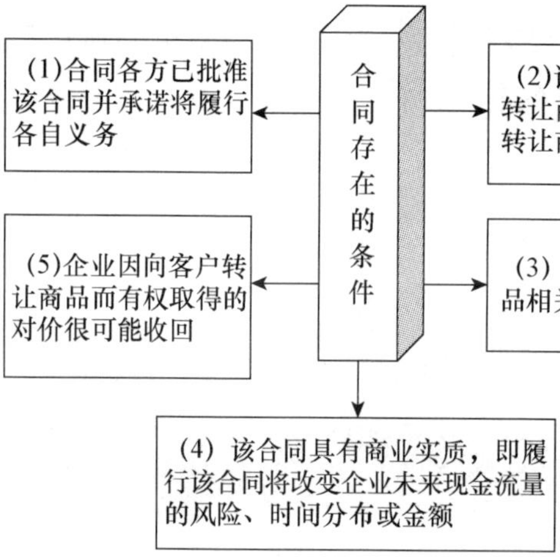

图 2－1 识别与客户订立的合同的五项要点

1. 合同识别

（1）合同的含义。合同，是指双方或多方之间订立有法律约束力的权利和义务的协议。合同包括书面形式、口头形式以及其他形式（如隐含于商业惯例或企业以往的习惯做法中等）。

【特别提示】

口头形式：即时交易（钱货两清）。识别与客户的合同：有没有合同？一个还是多个合同？新合同还是老合同？

企业与客户之间的合同同时满足下列五项条件的，企业应当在履行了合同中的履约义务，即在客户取得相关商品控制权时确认收入。

一是合同各方已批准该合同并承诺将履行各自义务。

【特别提示】

合同已经签字盖章。

二是该合同明确了合同各方与所转让商品相关的权利和义务。

【特别提示】

该合同不包括框架协议、战略合作协议，因为没有法律的约束力。

三是该合同有明确的与所转让商品相关的支付条款。

【特别提示】

没有支付条款属于捐赠。

四是该合同具有商业实质，即履行该合同将改变企业未来现金流量的风险、时间分布或金额。

五是企业因向客户转让商品而有权取得的对价很可能收回。

【特别提示】

上述规定可简记为：批准合同且承诺履行＋明确合同特征（权利、义务、支付条款、商业实质）＋很可能。核心是：合同可执行。

企业在进行上述判断时，需要注意以下三点：

1）合同约定的权利和义务是否具有法律约束力。如果合同各方均有权单方面终止完全未执行的合同，且无需对合同其他方作出补偿，该合同应当被视为不存在。

2）合同具有商业实质。没有商业实质的非货币性资产交换，无论何时均不应确认收入。从事相同业务经营的企业之间，为便于向客户或潜在客户销售而进行的非货币性资产交换（例如，两家石油公司之间相互交换石油，以便及时满足各自不同地点客户的需求），不应当确认收入。

【特别提示】

商业实质的判断，按《企业会计准则第 7 号——非货币性资产交换》执行。

1. 判断条件

满足下列条件之一的非货币性资产交换具有商业实质：

(1) 换入资产的未来现金流量在风险、时间和金额方面与换出资产显著不同。

(2) 换入资产与换出资产的预计未来现金流量现值不同，且其差额与换入资产和换出资产的公允价值相比是重大的。

2. 交换涉及的资产类别与商业实质的关系

不同类别非货币性资产交换一般具有商业实质。通常情况下，商品用于交换具有类似性质和相等价值的商品，这种非货币性资产交换不产生损益。

3. 关联方之间资产交换与商业实质的关系

在确定非货币性资产交换是否具有商业实质时，企业应当关注交易各方之间是否存在关联方关系。关联方关系的存在可能导致发生的非货币性资产交换不具有商业实质。

3）企业在评估其因向客户转让商品而有权取得的对价是否很可能收回时，仅应考虑客户到期时支付对价的能力和意图（即客户的信用风险）。当对价是可变对价时，由于企业可能会向客户提供价格折让，企业有权收取的对价金额可能会低于合同标价，企业应当在估计交易价格时进行考虑。

实务中，企业在对合同组合中的每一份合同进行评估时，均认为其合同对价很可能收回，但是根据历史经验，企业预计可能无法收回该合同组合中的全部对价。此时，企业应当认为这些合同满足“因向客户转让商品而有权取得的对价很可能收回”这一条件，并以此为基础估计交易价格。同时，企业应当考虑这些合同下确认的合同资产或应收款项是否存在减值。

对于不能同时满足上述收入确认的五个条件的合同，企业只有在不再负有向客户转让商品的剩余义务（例如，合同已完成或取消），且已向客户收取的对价（包括全部或部分对价）无需退回时，才能将已收取的对价确认为收入；否则，应当将已收取的对价作为负债进行会计处理。

【例 2-1】甲房地产开发公司与乙公司签订合同，向其销售一栋建筑物，合同价款为 100 万元。该建筑物的成本为 60 万元，乙公司在合同开始日即取得了该建筑物的控制权。根据合同约定，乙公司在合同开始日支付了 5%的保证金 5 万元，并就剩余 95%的价款与甲公司签订了不附追索权的长期融资协议。如果乙公司违约，甲公司可重新拥有该建筑物，即使收回的建筑物不能涵盖所欠款项的总额，甲公司也不能向乙公司索取进一步的赔偿。

乙公司计划在该建筑物内开设一家餐馆，并以该餐馆的收益偿还甲公司的欠款。但是，在该建筑物所在的地区，餐饮行业面临激烈的竞争，且乙公司缺乏餐饮行业的经营经验。请分析以上业务在会计和税务处理上是否存在差异。

解析：

1. 会计处理

乙公司计划以该餐馆产生的收益偿还甲公司的欠款，除此之外并无其他经济来源，乙公司也未对该笔欠款设定任何担保。如果乙公司违约，则甲公司可重新拥有该建筑物，但是，根据合同约定，即使收回的建筑物不能涵盖所欠款项的总额，甲公司也不能向乙公司索取进一步的赔偿。因此，甲公司对乙公司还款的能力和意图存在疑虑，认为该合同不满足合同价款很可能收回的条件。甲公司应当将收到的5万元确认为一项负债。

2. 税务处理

根据《国家税务总局关于确认企业所得税收入若干问题的通知》（国税函〔2008〕875号）的规定，除《企业所得税法》及其实施条例另有规定外，企业销售收入的确认，必须遵循权责发生制原则和实质重于形式原则。企业销售商品同时满足下列条件的，应当确认收入的实现：

（1）商品销售合同已经签订，企业已将商品所有权相关的主要风险和报酬转移给购货方。

（2）企业对已售出的商品既没有保留通常与所有权相联系的继续管理权，也没有实施有效控制。

（3）收入的金额能够可靠地计量。

（4）已发生或将发生的销售方的成本能够可靠地核算。

乙公司在合同开始日支付了5%的保证金5万元，并就剩余95%的价款与甲公司签订了不附追索权的长期融资协议。如果乙公司违约，甲公司可重新拥有该建筑物，即使收回的建筑物不能涵盖所欠款项的总额，甲公司也不能向乙公司索取进一步的赔偿，即合同开始日是符合上述4个条件的，应当确认合同价款100万元收入并结转成本60万元。这将形成税会暂时性差异，需进行纳税调整。

【例2-2】 A公司向国外B公司销售一批商品，合同标价为100万元。在此之前，A公司从未向B公司所在国家的其他客户进行过销售，B公司所在国家正在经历严重的经济困难。A公司预计不能从B公司收回全部的对价金额，仅能收回60万元。尽管如此，A公司预计B公司所在国家的经济情况将在未来2～3年内好转，且A公司与B公司之间建立的良好关系将有助于其在该国拓展其他潜在客户。请分析以上业务在会计和税务处理上是否存在差异。

解析：

1. 会计处理

根据B公司所在国家的经济情况以及A公司的销售战略，A公司认为其将向B公司提供价格折让，A公司能够接受B公司支付低于合同对价的金额，即60万元，且估计很可能收回该对价。A公司认为，该合同满足“有权取得的对价很可能收回”的条件。A公司按照新收入准则的规定确定交易价格时，应当考虑其向B公司提供的价格折让的影响。因此，A公司确定的交易价格不是合同标价100万元，而是60万元。

2. 税务处理

税法对商业折扣的定义与会计准则一致，均指企业为促进商品销售而在商品标价上给予的价格扣除。依据《国家税务总局关于确认企业所得税收入若干问题的通知》（国税函〔2008〕875号）的规定，企业为促进商品销售而在商品价格上给予的价格扣除属于商业折扣，商品销售涉及商业折扣的，应当按照扣除商业折扣后的金额确定销售商品收入金额。企业因售出商品的质量不合格等原因而在售价上给予的减让属于销售折让；企业已经确认销售收入的售出商品发生销售折让的，应当在发生当期冲减当期销售商品收入。本例中，若价格折让40万元是在A公司销售确认收入之前给B公司的，则属于商业折扣，当折扣额与销售额在同一张发票金额栏内注明时，折扣额可以从增值税销售额中扣除；若价格折让40万元是在A公司销售确认收入之后给B公司的，则属于销售折让，当折让发生时，可以从原销售额中减除。本例中，不管是商业折扣还是销售折让，企业所得税税务处理与会计准则规定保持一致。

(2) 合同的持续评估。企业与客户之间的合同，对于在合同开始日即满足上述收入确认条件的合同，企业在后续期间无需对其进行重新评估，除非有迹象表明相关事实和情况发生重大变化。

【特别提示】

合同开始日（即合同生效日，下同）满足，后续无需重新评估，除非发生重大变化。

但是，在后续期间，客户的信用风险显著升高，企业需要评估其在未来向客户转让剩余商品而有权取得的对价是否很可能收回。如果不能满足很可能收回的条件，则该合同自此开始不再满足新收入准则五项相关条件，应当停止确认收入，并且只有当后续合同条件再度满足时或者当企业不再负有向客户转让商品的剩余义务，且已向客户收取的对价无需退回时，才能将已收取的对价确认为收入，但不应当调整在此之前已经确认的收入。

【特别提示】

后续期间，客户信用风险（即违约风险）显著升高，需重新评估新收入准则五项条件。

对于不满足上述收入确认条件的合同，企业应当在后续期间对其进行持续评估，以判断其能否满足这些条件。如果企业在此之前已经向客户转移了部分商品，当该合同在后续期间满足新收入准则五项条件时，企业应当将在此之前已经转移的商品所分摊的交易价格确认为收入。

【特别提示】

合同开始日不满足，持续评估新收入准则五项条件。

【例 2-3】 甲公司与乙公司签订合同，将一项专利技术授权给乙公司使用，并按其使用情况收取特许权使用费。甲公司评估认为，该合同在合同开始日满足新收入准则第五条规定的五项条件。该专利技术在合同开始日即授权给乙公司使用。在合同开始日后的第一年内，乙公司每季度向甲公司提供该专利技术的使用情况报告，并在约定的期间内支付特许权使用费。在合同开始日后的第二年内，乙公司继续使用该专利技术，但是，乙公司的财务状况下滑，融资能力下降，可用资金不足，因此，乙公司仅按合同支付了当年第一季度的特许权使用费，而后三个季度仅按象征性金额付款。在合同开始日后的第三年内，乙公司继续使用甲公司的专利技术。但是，甲公司得知，乙公司已经完全丧失融资能力，且流失了大部分客户，乙公司的付款能力进一步恶化，信用风险显著升高。请分析以上业务在会计和税务处理上是否存在差异。

解析：

1. 会计处理

该合同在合同开始日满足新收入准则第五条规定的五项条件，因此，甲公司在乙公司使用该专利技术的行为发生时，按照约定的特许权使用费确认收入。合同开始后的第二年，由于乙公司的信用风险升高，甲公司在确认收入的同时，按照《企业会计准则第22号——金融工具确认和计量》的要求对乙公司的应收款项进行减值测试。合同开始日后的第三年，由于乙公司的财务状况进一步恶化，信用风险显著升高，甲公司对该合同进行了重新评估，认为不再满足“企业因向客户转让商品而有权取得的对价很可能收回”这一条件，因此，甲公司不再确认特许权使用费收入，同时，按照《企业会计准则第22号——金融工具确认和计量》对现有应收款项是否发生减值继续进行评估。

2. 税务处理

根据《企业所得税法实施条例》第二十条的规定，特许权使用费收入，是指企业提供专利权、非专利技术、商标权、著作权以及其他特许权的使用权取得的收入。特许权使用费收入，按照合同约定的特许权使用人应付特许权使用费的日期确认收入的实现。

特许权使用费计税收入的确认以合同约定的支付日期为依据。如果企业确认收入的时间和合同约定的支付日期分属于两个不同的年度，或者属于同一年度但会计收入与合同约定的支付金额不同，均需按照税法的规定进行纳税调整。

本例中，该合同每年的收入均按照合同条款以合同约定的支付日期确认收入。

(3) 合同存续期间的确定。合同存续期间是合同各方拥有现时可执行的具有法律约束力的权利和义务的期间。企业应当确定合同存续期间，并在该期间内按照规定对合同进行会计处理。

在确定合同存续期间时，无论该合同是否有明确约定的合同期间，该合同的存续期间都不会超过已经提供的商品所涵盖的期间；当合同约定任何一方在某一特定期间之后才可以随时无代价地终止合同时，该合同的存续期间不会超过该特定期间；当合同约定任何一方均可以提前终止合同，但要求终止合同的一方需要向另一方支付重大违约金时，合同存续期间很可能与合同约定的期间一致；当只有客户拥有无条件终止合同的权利时，客户的该项权利才会被视为客户拥有的一项续约选择权，重大的续约选择权应当作为单项履约义务进行会计处理。

【例 2-4】 A 公司与客户签订合同，每月为客户提供一次保洁服务，合同期限为 3 年。

情形一：3 年内，合同各方均有权在每月末无理由要求终止合同，只需提前 5 个工作日通知对方，无需向对方支付任何违约金。

情形二：3 年内，客户有权在每月末要求提前终止合同，且无需向 A 公司支付任何违约金。

情形三：3 年内，客户有权在每月末要求提前终止合同，但是如果客户在合同开始日之后的 12 个月内要求终止合同，必须向 A 公司支付一定金额的违约金。

请分析以上业务在会计和税务处理上是否存在差异。

解析：

1. 情形一

(1) 会计处理。尽管合同约定的服务期为 3 年，但是在已提供服务的期间之外，该合同对于合同双方均未产生具有法律约束力的权利和义务，因此该合同应视为逐月订立的合同。

(2) 税务处理。应按月确认劳务收入。

2. 情形二

(1) 会计处理。该合同应视为逐月订立的合同，同时，客户拥有续约选择权。A 公司应当判断提供给客户的该续约选择权是否构成重大权利，从而应作为单项履约义务进行会计处理。

(2) 税务处理。应按月确认劳务收入。

3. 情形三

(1) 会计处理。A公司需要判断合同约定的违约金是否足够重大，以至于使该合同在合同开始日之后的12个月内对于合同双方都产生了有法律约束力的权利和义务。如果是，则该合同的存续期间为12个月；否则，与情形二相同，该合同应视为逐月订立的合同。

(2) 税务处理。应按月确认劳务收入。

2. 合同合并

企业与同一客户（或该客户的关联方）同时订立或在相近时间内先后订立的两份或多份合同，在满足下列条件之一时，应当合并为一份合同进行会计处理：

(1) 该两份或多份合同基于同一商业目的而订立并构成一揽子交易，如一份合同在不考虑另一份合同的对价的情况下将会发生亏损。

(2) 该两份或多份合同中的一份合同的对价金额取决于其他合同的定价或履行情况，如一份合同发生违约，将会影响另一份合同的对价金额。

(3) 该两份或多份合同中所承诺的商品（或每份合同中所承诺的部分商品）构成单项履约义务。两份或多份合同合并为一份合同进行会计处理的，仍须区分该份合同中包含的各单项履约义务。

【特别提示】

上述规定可总结为：一揽子交易/一份合同对价取决于其他合同/两份及以上合同承诺的商品构成单项履约义务。

3. 合同变更

合同变更，是指经合同各方批准对原合同范围或价格作出的变更。合同变更既可能形成新的具有法律约束力的权利和义务，也可能是变更了合同各方现有的具有法律约束力的权利和义务。

【特别提示】

合同变更的要点是：原合同范围/原合同价格＋各方批准。

某些情况下，合同各方对于合同范围或价格的变更还存在争议，或者合同各方已批准合同范围的变更，但尚未确定相应的价格变动，企业应当考虑包括合同条款及其他证据在内的所有相关事实和情况，以确定该变更是否形成了新的有法律约束力的权利和义务，或者变更了现有的有法律约束力的权利和义务。合同各方已批准合同范围变更，但尚未确定相应价格变动的，企业应当按照新收入准则有关可变对价的规定对合同变更所导致的交易价格变动进行估计。

【例 2－5】甲公司与乙公司签订合同，在乙公司厂区内为乙公司修建一座大型综合性仓库。根据合同约定，乙公司应当在合同开始日起 30 天内允许甲公司进场施工，导致甲公司未能及时开始施工的任何事件（包括不可抗力的影响），甲公司均能够获得补偿，补偿金额相当于甲公司因工程延误而直接发生的实际成本。由于当地连降暴雨对施工场地造成破坏，甲公司直到合同开始日后的60天才开始进场施工，甲公司根据合同约定向乙公司提出了索赔申请，但是直到会计期末，乙公司尚未同意对甲公司进行补偿。请分析以上业务在会计和税务处理上是否存在差异。

解析：

1. 会计处理

甲公司对提出索赔申请的法律依据进行了评估，虽然乙公司直到会计期末尚未同意该索赔申请，但由于该申请是依据合同约定而提出的，是一项有法律约束力的权利，甲公司将该索赔作为合同变更进行会计处理，由于该项变更没有导致向乙公司提供额外的商品，因此，该合同变更没有变更合同范围，只是变更了合同价格，甲公司在估计交易价格时应当考虑这一合同变更的影响，并遵循将可变对价计入交易价格的限制要求。

2. 税务处理

企业所得税法上暂不予处理，待索赔获得实际赔偿时确认收入。

企业应当区分三种情形对合同变更进行会计处理。

（1）合同变更部分作为单独合同进行会计处理的情形。合同变更增加了可明确区分的商品及合同价款，且新增合同价款反映了新增商品单独售价的，应当将该合同变更部分作为一份单独的合同进行会计处理。此类合同变更不影响原合同的会计处理。

判断新增合同价款是否反映了新增商品的单独售价时，应当考虑为反映该特定合同的具体情况而对新增商品价格所做的适当调整。

【特别提示】

上述规定可简记为：可明确区分＋价款反映单独售价。

【例 2-6】甲公司承诺向某客户销售 120 件产品，每件产品售价为 100 元。该批产品彼此之间可明确区分，且将于未来 6 个月内陆续转让给该客户。甲公司将其中的 60 件产品转让给该客户后，双方对合同进行了变更：甲公司承诺向该客户额外销售 30 件相同的产品，这 30 件产品与原合同中的产品可明确区分，其售价为每件 95 元（假定该价格反映了合同变更时该产品的单独售价）。上述价格均不含增值税。请分析以上业务在会计和税务处理上是否存在差异。

解析：

1. 会计处理

由于新增的 30 件产品是可明确区分的，且新增的合同价款反映了新增产品的单独售价，因此该合同变更实际上构成了一份单独的、在未来销售 30 件产品的新合同，该新合同并不影响对原合同的会计处理。甲公司应当对原合同中的 120 件产品按每件 100 元确认收入，对新合同中的 30 件产品按每件 95 元确认收入。

2. 税务处理

税法上，应当对原合同中的120件产品按每件100元确认收入，对新合同中的30件产品按每件95元确认收入。因此，会计处理和税务处理无差异。

（2）合同变更作为原合同终止及新合同订立（注意：原合同未履行完＋变更部分）进行会计处理的情形。合同变更不属于上述第（1）种情形，且在合同变更日已转让的商品与未转让的商品之间可明确区分的，应当视为原合同终止，同时，将原合同未履约部分与合同变更部分合并为新合同进行会计处理。

【特别提示】

上述规定可简记为：不满足＋已转让与未转让可明确区分。

未转让的商品既包括原合同中尚未转让的商品，也包括合同变更新增的商品。新合同的交易价格应当为下列两项金额之和：一是原合同交易价格中尚未确认为收入的部分（包括已从客户收取的金额）；二是合同变更中客户已承诺的对价金额。

【例2-7】如果在例2-6中甲公司新增销售的30件产品售价为每件80元（假定该价格不能反映合同变更时该产品的单独售价）。同时，由于客户发现甲公司已转让的60件产品存在瑕疵，要求甲公司对已转让的产品提供每件15元的销售折让以弥补损失。经协商，双方同意将价格折让在销售新增的30件产品的合同价款中进行抵减，金额为900元。上述价格均不含增值税。请分析以上业务在会计和税务处理上是否存在差异。

解析：

1. 会计处理

由于900元的折让金额与已经转让的60件产品有关，应当将其作为已销售的60件产品的销售价格的抵减，在该折让发生时冲减当期销售收入。对于合同变更新增的30件产品，由于其售价不能反映该产品在合同变更时的单独售价，因此该合同变更不能作为单独合同进行会计处理。由于尚未转让给客户的产品（包括原合同中尚未交付的60件产品以及新增的30件产品）与已转让的产品是可明确区分的，因此，甲公司应当将该合同变更作为原合同终止，同时，将原合同的未履约部分与合同变更合并为新合同进行会计处理。该新合同中，剩余产品为90件，其对价为8 400元，即原合同下尚未确认收入的客户已承诺对价6 000元（100×60）与合同变更部分的对价2 400元（80×30）之和，新合同中的90件产品每件产品应确认的收入为93.33元（8 400÷90）。

原合同120件产品中的60件转让给客户时：

借：应收账款（60×100）　　6 000

　　贷：主营业务收入（60×100）　　6 000

转让的60件产品发生销售折让时：

借：主营业务收入（60×15）　　900

　　贷：应收账款（60×15）　　900

原合同中尚未交付的60件产品以及新增的30件产品转让时：

借：应收账款（90×93.33）　　8 400

　贷：主营业务收入（90×93.33）　　8 400

2. 税务处理

应当按照实际收入确定收入，税务处理用会计语言表示：

原合同120件产品中的60件转让给客户时：

借：应收账款（60×100）　　6 000

　贷：主营业务收入（60×100）　　6 000

转让的60件产品发生销售折让时：

借：主营业务收入（60×15）　　900

　贷：应收账款（60×15）　　900

原合同中尚未交付的60件产品以及新增的30件产品转让时：

借：应收账款（30×80）　　2 400

　贷：主营业务收入（30×80）　　2 400

借：应收账款（60×100）　　6 000

　贷：主营业务收入（60×100）　　6 000

【例2-8】A公司与客户签订合同，每周为客户的办公楼提供保洁服务，合同期限为3年，客户每年向A公司支付服务费10万元（假定该价格反映了合同开始日该项服务的单独售价）。在第2年末，合同双方对合同进行了变更，将第3年的服务费调整为8万元（假定该价格反映了合同变更日该项服务的单独售价），同时以20万元的价格将合同期限延长3年（假定该价格不反映合同变更日该3年服务的单独售价），即每年的服务费为 6.67 万元，于每年年初支付。上述价格均不含增值税。请分析以上业务在会计和税务处理上是否存在差异。

解析：

1. 会计处理

在合同开始日，A 公司认为其每周为客户提供的保洁服务是可明确区分的，但由于 A 公司向客户转让的是一系列实质相同且转让模式相同、可明确区分的服务，因此，根据新收入准则第九条，应当将其作为单项履约义务。在合同开始的前 2 年，即合同变更之前，A 公司每年确认收入 10 万元。在合同变更日，由于新增的 3 年保洁服务的价格不能反映该项服务在合同变更时的单独售价，因此，该合同变更不能作为单独的合同进行会计处理。由于在剩余合同期间需提供的服务与已提供的服务是可明确区分的，A 公司应当将该合同变更作为原合同终止，同时，将原合同中未履约的部分与合同变更合并为一份新合同进行会计处理。该新合同的合同期限为 4 年，对价为 28 万元，即原合同下尚未确认收入的对价 8 万元与新增的 3 年服务相应的对价 20 万元之和，新合同中 A 公司每年确认的收入为 7 万元（28÷4）。

第 1、2 年：

借：应收账款　　100 000

　　贷：主营业务收入　　100 000

第 3 年：

借：应收账款　　70 000

　　贷：主营业务收入　　70 000

第 4、5、6 年：

借：应收账款　　70 000

　　贷：主营业务收入　　70 000

2. 税务处理

税法并不认可会计上合同对价变更导致的收入确认变化，应当按照合同约定的收入确定收入。税务处理用会计语言表示：

第 1、2 年：

借：应收账款　　100 000

　　贷：主营业务收入　　100 000

第 3 年：

借：应收账款　　80 000

　　贷：主营业务收入　　80 000

第 4、5、6 年：

借：应收账款　　66 700

　　贷：主营业务收入　　66 700

因此，将在第 3～6 年形成税会暂时性差异，须进行纳税调整并计入递延所得税。

（3）合同变更部分作为原合同的组成部分进行会计处理的情形。合同变更不属于上述第（1）种情形，且在合同变更日已转让的商品与未转让的商品之间不可明确区分的，应当将该合同变更部分作为原合同的组成部分，在合同变更日重新计算履约进度，并调整当期收入和相应成本等。

【特别提示】

此类合同变更不属于“可明确区分＋价款反映单独售价”或“已转让与未转让部分可明确区分”，属于前两类合同变更之外的其他情形。

【例 2－9】 2×18 年 1 月 15 日，乙建筑公司和客户签订了一项总金额为 1 000 万元的固定造价合同，在客户自有土地上建造一幢办公楼，预计合同总成本为 700 万元。假定该建造服务属于在某一时段内履行的履约义务，并根据累计发生的合同成本占合同预计总成本的比例确定履约进度。

截至 2×18 年末，乙公司累计已发生成本 420 万元，履约进度为 60%（420÷700）。因此，乙公司在 2×18 年确认收入 600 万元（1 000×60%）。

2×19 年初，合同双方同意更改该办公楼屋顶的设计，合同价格和预计总成本因此分别增加 200 万元和 120 万元。

请分析以上业务在会计和税务处理上是否存在差异。

解析：

1. 会计处理

由于合同变更后拟提供的剩余服务与在合同变更日或之前已提

供的服务不可明确区分（即该合同仍为单项履约义务），因此，乙公司应当将合同变更作为原合同的组成部分进行会计处理。合同变更后的交易价格为 1 200 万元（1 000＋200），乙公司重新估计的履约进度为 51.2%[420÷(700＋120)]，乙公司在合同变更日应额外确认收入 14.4 万元（51.2%×1 200－600）。

2. 税务处理

《企业所得税法实施条例》第二十三条规定，企业受托加工制造大型机械设备、船舶、飞机，以及从事建筑、安装、装配工程业务或者提供其他劳务等，持续时间超过 12 个月的，按照纳税年度内完工进度或者完成的工作量确认收入的实现。合同价款的变更导致完工进度的确认同样适用于企业所得税的计算。

本例中税会处理一致，不形成税会差异，无需调整。

综上所述，判断合同变更的会计处理的步骤如图 2－2 所示。如果在合同变更日未转让的商品为上述第（2）和第（3）种情形的组合，企业应当分别相应按照上述第（2）或第（3）种情形的方式对合同变更后尚未转让（或部分未转让）的商品进行会计处理。

（二）识别合同中的单项履约义务

合同开始日，企业应当对合同进行评估，识别该合同所包含的各单项履约义务，并确定各单项履约义务是在某一时段内履行还是在某一时点履行，然后在履行了各单项履约义务时分别确认收

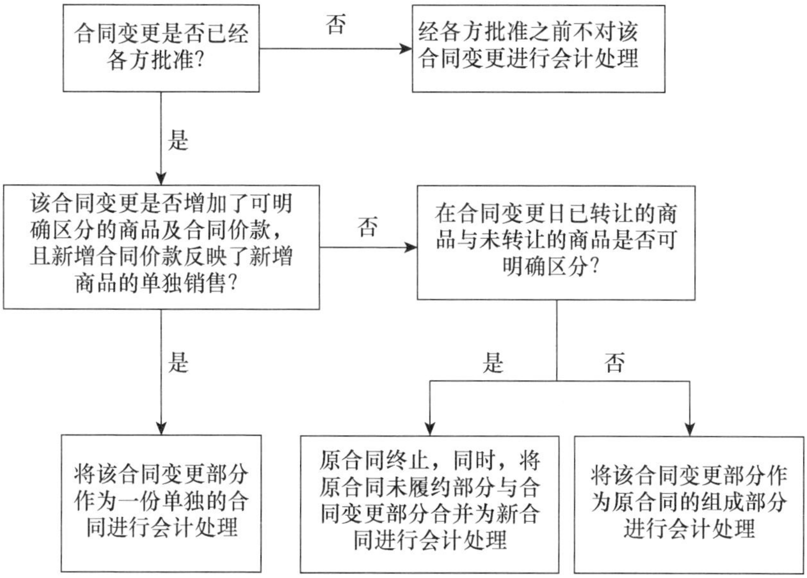

图 2－2　判断合同变更的会计处理步骤

入。履约义务，是指合同中企业向客户转让可明确区分商品的承诺。

下列情况下，企业应当将向客户转让商品的承诺作为单项履约义务：一是企业向客户转让可明确区分商品的承诺；二是企业向客户转让一系列实质相同且转让模式相同、可明确区分商品的承诺。

【特别提示 1】

识别单项履约义务的关键是“承诺可明确区分”。

【特别提示2】

在识别合同中的单项履约义务时，如果合同承诺的某项商品不可明确区分，企业应当将该商品与合同中承诺的其他商品进行组合，直到该组合满足可明确区分的条件。

1. 企业向客户转让可明确区分商品（或者商品的组合）的承诺

同时满足下列两项条件的，应当作为可明确区分的商品。

一是客户能够从该商品本身或从该商品与其他易于获得资源一起使用中受益，即该商品本身能够明确区分。

二是企业向客户转让该商品的承诺与合同中其他承诺可单独区分，即转让该商品的承诺在合同中是可明确区分的。表明客户能够从某项商品本身或者将其与其他易于获得的资源一起使用获益的因素有很多，例如，企业通常会单独销售该商品等。

【特别提示】

上述规定可简记为：商品本身可区分＋合同中可区分。

评估可明确区分商品的流程如图2－3所示。要特别指出的是，在评估某项商品是否能够明确区分时，应当基于该商品自身的特征，而与客户可能使用该商品的方式无关。因此，企业无需考虑合同中可能存在的阻止客户从其他来源取得相关资源的限制性条款。

企业确定了商品本身能够明确区分后，还应当在合同层面继续

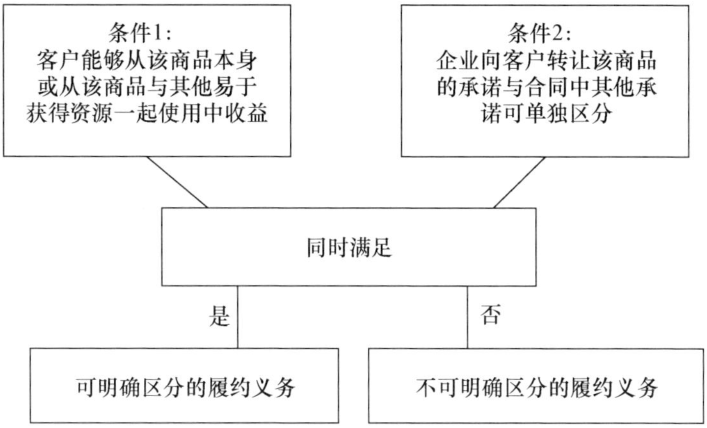

图 2-3　评估可明确区分商品的流程

评估转让该商品的承诺是否与合同中其他承诺彼此之间可明确区分。下列情形通常表明企业向客户转让商品的承诺与合同中的其他承诺不可单独区分。

一是企业需提供重大的服务以将该商品与合同中承诺的其他商品进行整合，形成合同约定的某个或某些组合产出转让给客户。换言之，企业以该商品作为投入，生产或向客户交付其所要求的组合产出。因此，企业应当评估其在合同中承诺的每一单项商品本身就是合同约定的各项产出，还是仅为一个或多个组合产出的投入。

【特别提示】

上述规定可简记为：组合产出。

例如，企业为客户建造写字楼的合同中，企业向客户提供的单项商品可能包括砖头、水泥、人工等，虽然这些单项商品本身都能够使客户获益（如客户可将这些建筑材料以高于残值的价格出售，也可以将其与其他建筑商提供的材料或人工等资源一起使用），但是，在该合同下，乙公司向客户承诺的是为其建造一栋办公楼，而并非提供这些砖头、水泥和人工等，乙公司需提供重大的服务将这些单项商品进行整合，以形成合同约定的一项组合产出（即写字楼）转让给客户。因此，在该合同中，砖头、水泥和人工等商品彼此之间不能单独区分。企业应将合同中承诺的所有商品和服务，作为单项履约义务进行会计处理。

二是该商品将对合同中承诺的其他商品予以重大修改或定制。如果某项商品将对合同中的其他商品作出重大修改或定制，实质上每项商品都将被整合在一起（即作为投入）以生产合同约定的组合产出。例如，企业承诺向客户提供其开发的一款现有软件，并提供安装服务。虽然该软件无需更新或技术支持也可直接使用，但是企业在安装过程中需要在该软件现有基础上对其进行定制化的重大修改，为该软件增加重要的新功能，以使其能够与客户现有的信息系统相兼容。在这种情况下，转让软件的承诺与提供定制化重大修改的承诺在合同层面是不可明确区分的。

【特别提示】

上述规定可简记为：重大修改或定制。

【例2-10】 乙公司与客户签订合同，向客户出售一台其生产的设备并提供安装服务。该设备可以不经任何定制或改装而直接使用，不需要复杂安装，除乙公司外，市场上还有其他供应商也能提供此项安装服务。请问该合同中包含几项履约义务？

解析：

1. 会计处理

该项合同包含两项履约义务，即销售设备和提供安装服务。

理由：客户可以使用该设备或将其以高于残值的价格转售，能够从该设备与市场上其他供应商提供的此项安装服务一起使用中获益，也可从安装服务与客户已经获得的其他资源（例如设备）一起使用中获益，表明该设备和安装服务能够明确区分。

而且在该合同中，乙公司对客户的承诺是交付设备之后再提供安装服务，而并非两者的组合产出，该设备仅需简单安装即可使用，乙公司并未对设备和安装提供重大整合服务，安装服务没有对该设备作出重大修改或定制。虽然客户只有获得设备的控制权之后才能从安装服务中获益，但是企业履行其向客户转让设备的承诺能够独立于其提供安装服务的承诺，因此安装服务并不会对设备产生重大影响。

该设备与安装服务彼此之间不会产生重大影响，也不具有高度关联性，表明两者在合同中彼此之间可明确区分。因此，该项合同包含两项履约义务，即销售设备和提供安装服务。

假定其他条件不变，但是按照合同规定只能由乙公司向客户提供安装服务。在这种情况下，合同限制并没有改变相关商品本身的特征，也没有改变企业对客户的承诺。虽然根据合同约定，客户只能选择由乙公司提供安装服务，但是设备和安装服务本身符合可明确区分的条件，仍然是两项履约义务。

此外，如果乙公司提供的安装服务很复杂，该安装服务可能对其销售的设备进行定制化的重大修改，即使市场上有其他供应商也可以提供此项安装服务，乙公司也不能将该安装服务作为单项履约义务，而应当将设备和安装服务合并作为单项履约义务。

2. 税务处理

乙公司向客户出售一台其生产的设备并提供安装服务，在增值税层面，逻辑上属于混合销售行为，因为该项销售行为既涉及销售货物（设备），又涉及销售服务（安装服务）。但是，本例中，乙公司可以适用下述特殊规定：

《关于进一步明确营改增有关征管问题的公告》（国家税务总局公告2017年第11号）第一条规定，纳税人销售活动板房、机器设备、钢结构件等自产货物的同时提供建筑、安装服务，不属于《营业税改征增值税试点实施办法》（财税〔2016〕36号）第四十条规定的混合销售，应分别核算货物和建筑服务的销售额，分别适用不同的税率或者征收率。

《关于明确中外合作办学等若干增值税征管问题的公告》（国家税务总局公告2018年第42号）第六条规定，一般纳税人销售自产机器设备的同时提供安装服务，应分别核算机器设备和安装服务的销售额，安装服务可以按照甲供工程选择适用简易计税方法计税；一般纳税人销售外购机器设备的同时提供安装服务，如果已经按照兼营的有关规定，分别核算机器设备和安装服务的销售额，安装服务可以按照甲供工程选择适用简易计税方法计税。甲供工程，是指全部或部分设备、材料、动力由工程发包方自行采购的建筑工程（财税〔2016〕36号附件2第一条第（六）款第2项）。

上述规定说明，一般纳税人销售自产机器设备的同时提供安装服务，应按兼营征收增值税，其中安装服务可按甲供工程适用简易计税方法3%的征收率计税；一般纳税人销售外购机器设备的同时提供安装服务，可能按兼营征收增值税（如已经按兼营规定处理，安装服务可以按甲供工程适用简易计税方法3%的征收率计税），也可能按混合销售征收增值税（如未按兼营规定分别核算）。

本例中，乙公司向客户出售一台其生产的设备并提供安装服务，应按兼营规定处理，其中安装服务可按甲供工程适用简易计税方法3%的征收率计税。

企业所得税层面，乙公司销售设备和提供安装服务需要分别确认收入。如果涉及交易价格的分摊，税法要求按销售设备和提供安装服务各自的公允价值的比例来分摊，而新收入准则要求按设备和安装服务单独售价的比例来分摊，存在一定的差异。实务中，若单独售价与公允价值相差不大，建议这种差异不予调整。

三是该商品与合同中承诺的其他商品具有高度关联性。也就是说，合同中承诺的每一单项商品均受到合同中其他商品的重大影响。

合同中包含多项商品时，如果企业无法通过单独交付其中的某一单项商品而履行其合同承诺，可能表明合同中的这些商品会受到彼此的重大影响。

【特别提示】

上述规定可简记为：高度关联。

例如，企业承诺为客户设计一种实验性的新产品并负责生产10个样品，企业在生产和测试样品的过程中需要对产品的设计进行不断修正，导致已生产的样品均可能需要进行不同程度的返工。当企业预计由于设计的不断修正，大部分或全部拟生产的样品均可能需要进行一些返工时，在不对生产造成重大影响的情况下，由于提供设计服务与提供样品生产服务产生的风险不可分割，客户没有办法选择仅购买设计服务或者仅购买样品生产服务，因此，企业提供的设计服务和生产样品的服务是不断交替反复进行的，两者高度关联，在合同层面是不可明确区分的。

【例2-11】甲公司与客户签订合同，向客户销售一款软件，提供软件安装服务，并且在两年内向客户提供不定期的软件升级和技术支持服务。甲公司通常也会单独销售该款软件、提供安装服务、提供软件升级服务和提供技术支持服务。甲公司提供的安装服务通常也可由其他服务供应商执行，且不会对软件作出重大修改。甲公司销售的该款软件不需升级和技术支持服务也能正常使用。请问该合同中包含几项履约义务？

解析：

1. 会计处理

合同中包含四项履约义务，即软件销售、安装服务、软件升级服务以及技术支持服务。

理由：甲公司的承诺包括销售软件、提供安装服务、提供软件升级服务和提供技术支持服务。甲公司通常会单独销售软件、提供安装服务、提供软件升级服务和提供技术支持服务，该软件先于其他服务交付，且无需经过升级和技术支持服务也能正常使用，安装服务是常规性的且可以由其他服务供应商提供，客户能够从该软件与市场上其他供应商提供的此项安装服务一起使用中获益，也能够从安装服务以及软件升级服务与已经取得的软件一起使用中获益，因此，客户能够从单独使用该合同中承诺的各项商品和服务中获益，或从将其与易于获得的其他商品一起使用中获益，表明这些商品和服务能够明确区分。

此外，甲公司虽然需要将软件安装到客户的系统中，但是该安装服务是常规性的，并未对软件作出重大修改，不会重大影响客户使用该软件并从中获益的能力，软件升级服务也一样，合同中承诺的各项商品和服务没有对彼此作出重大修改或定制。甲公司也没有提供重大服务将这些商品和服务整合成一组组合产出。由于甲公司在不提供后续服务的情况下也能够单独履行其销售软件的承诺，因此，软件和各项服务之间不存在高度关联性，表明这些商品在合同中彼此之间可明确区分。因此，该合同中包含四项履约义务，即软件销售、安装服务、软件升级服务以及技术支持服务。

2. 税务处理

甲公司向客户销售一款软件，提供软件安装服务，并在两年内向客户提供不定期的软件升级和技术支持服务。

在增值税层面，根据《财政部 国家税务总局关于增值税若干政策的通知》（财税〔2005〕165号）规定，纳税人销售软件产品并随同销售一并收取的软件安装费、维护费、培训费等收入，应按照增值税混合销售的有关规定征收增值税，并可享受软件产品增值税即征即退政策。本例中，甲公司销售软件的同时提供安装服务，属于混合销售行为，即一项销售行为既涉及销售货物（软件），又涉及销售服务（软件安装服务属于信息技术服务中的软件服务）。若甲公司属于一般纳税人，则应按主营业务（销售软件）来计算缴纳增值税，且享受销售软件产品超过3%税负的部分即征即退的优惠政策。未来提供软件升级和技术支持服务时，按现代服务业6%的税率计算增值税。

企业所得税层面，认可新收入准则中四项履约义务的划分。《企业所得税法实施条例》第二十三条第（二）款规定：企业从事建筑、安装、装配工程业务或者提供其他劳务等，持续时间超过12个月的，按照纳税年度内完工进度或者完成的工作量确认收入的实现。《国家税务总局关于确认企业所得税收入若干问题的通知》（国税函〔2008〕875号）第一条第（二）款第3项规定：销售商品需要安装和检验的，在购买方接受商品以及安装和检验完毕时确认收入。如果安装程序比较简单，可在发出商品时确认收入。从本例的情况看，销售软件和提供安装服务可在发出商品时确认收入。不定期的软件升级和技术支持服务若实际发生时向客户收取费用，则在实际履约时确认收入；若在销售软件时一并收取，则按四项履约义务公允价值的比例分摊交易价格，并在两年内按直线法平均确认收入。这一做法与新收入准则规定无实质性差异。

【例 2-12】丙公司与客户签订合同，向客户销售一台其生产的可直接使用的医疗设备，并且在未来 3 年内向该客户提供用于该设备的专用耗材。该耗材只有丙公司能够生产，因此客户只能从丙公司购买该耗材。该耗材既可与设备一起销售，也可单独对外销售。请问该项合同包含几项履约义务？

解析：

1. 会计处理

该项合同包含两项履约义务，即销售设备和提供专用耗材。

理由：丙公司在合同中对客户的承诺包括销售设备和专用耗材，虽然客户同时购买了设备和专用耗材，但是由于耗材可以单独出售，客户可以从将设备与单独购买的耗材一起使用中获益，表明设备和专用耗材能够明确区分。

此外，丙公司未对设备和耗材提供重大的整合服务以将两者形成组合产出，设备和耗材并未对彼此作出重大修改或定制，也不具有高度关联性（这是因为，尽管没有耗材设备无法使用，耗材也只有用于设备才有用，但是丙公司能够单独履行其在合同中的每一项承诺，也就是说，即使客户没有购买任何耗材，丙公司也可以履行其转让设备的承诺；即使客户单独购买设备，丙公司也可以履行其提供耗材的承诺)，表明设备和耗材在合同中彼此之间可明确区分。因此，该项合同包含两项履约义务，即销售设备和提供专用耗材。

需要说明的是，在企业向客户销售商品的同时，约定企业需要将商品运送至客户指定的地点的情况下，企业需要根据相关商品的控制权转移时点判断该运输活动是否构成单项履约义务。通常情况下，控制权转移给客户之前发生的运输活动不构成单项履约义务，只是企业为了履行合同而从事的活动，相关成本应当作为合同履约成本；相反，控制权转移给客户之后发生的运输活动则可能表明企业向客户提供了一项运输服务，企业应当考虑该项服务是否构成单项履约义务。

2. 税务处理

企业所得税法认可上述两项履约义务，与新收入准则处理无实质性差异。也认可上述约定企业需要将商品运送至客户指定地点情况下，控制权转移之前不构成单项履约义务，运输费作为合同履约成本，控制权转移之后运输活动可能构成单项履约义务的规定，即前者发生的运输费允许税前扣除，后者则要分摊交易价格确认收入并允许扣除运输成本。这与新收入准则处理无实质性差异。

【例 2-13】 甲公司与乙公司签订合同，向其销售一批产品，并负责将该批产品运送至乙公司指定的地点，甲公司承担相关运输费用。假定销售该产品属于在某一时点履行的履约义务，且控制权在出库时转移给乙公司。请问该运输服务是否构成单项履约义务？

解析：

1. 会计处理

构成单项履约义务。

理由：甲公司向乙公司销售产品，并负责运输，该批产品在出库时，控制权转移给乙公司。在此之后，甲公司为将产品运送到乙公司指定的地点发生的运输活动，属于为乙公司提供运输服务。如果该运输服务构成单项履约义务，且甲公司是运输服务的主要负责人，甲公司应当按照分摊该运输服务的交易价格确认收入。

2. 税务处理

与上述会计处理无实质性差异，仅仅是分摊交易价格时，会计处理的分摊标准是单独售价的比例，而税法的分摊标准是公允价值的比例。

【例 2－14】接例 2－13。假定销售该商品属于在某一时点履行的履约义务，且控制权在送达乙公司指定的地点时转移给乙公司。请问该运输服务是否构成单项履约义务？

解析：

1. 会计处理

不构成单项履约义务。

理由：甲公司向乙公司销售产品，并负责运输，该批产品在送达乙公司指定地点时，控制权转移给乙公司，由于甲公司的运输活动是在产品的控制权转移给客户之前发生的，因此不构成单项履约义务，而是甲公司为履行合同发生的必要活动。

2. 税务处理

分析同上，与会计处理无实质性差异。

2. 企业向客户转让一系列实质相同且转让模式相同、可明确区分商品的承诺

当企业向客户连续转让某项承诺的商品时，如每天提供类似劳务的长期劳务合同等，如果这些商品属于实质相同且转让模式相同的一系列商品，企业应当将这一系列商品作为单项履约义务。其中，转让模式相同，是指每一项可明确区分的商品均满足在某一时段内履行履约义务的条件，且采用相同方法确定其履约进度。

企业在判断所转让的一系列商品是否实质相同时，应当考虑合同中承诺的性质。当企业承诺的是提供确定数量的商品时，需要考虑这些商品本身是否实质相同。例如，企业与客户签订 2 年的合同，每月向客户提供工资核算服务，共计 24 次。由于企业提供服务的次数是确定的，在判断每月的服务是否实质相同时，应当考虑每次提供的具体服务是否相同。由于同一家企业的员工结构、工资构成以及核算流程等相对稳定，企业每月提供的该项服务很可能符合实质相同的条件。

当企业承诺的是在某一期间内随时向客户提供某项服务时，需要考虑企业在该期间内的各个时间段（如每天或每小时）的承诺是否相同，而并非具体的服务行为本身。例如，企业向客户提供 2 年的酒店管理服务，具体包括保洁、维修、安保等，但没有具体的服务次数或时间的要求。尽管企业每天提供的具体服务不一定相同，但是企业每天对于客户的承诺都是相同的，即按照约定的酒店管理标准，随时准备根据需要为客户提供相关服务，因此，企业每天提供的该酒店管理服务符合实质相同的条件。

企业为履行合同而应开展的初始活动，通常不构成履约义务，除非该活动向客户转让了承诺的商品。例如，某俱乐部为注册会员建立档案，该活动并未向会员转让承诺的商品，因此不构成单项履约义务。

(三) 确定交易价格

确定交易价格需要考虑的重要因素如图 2－4 所示。

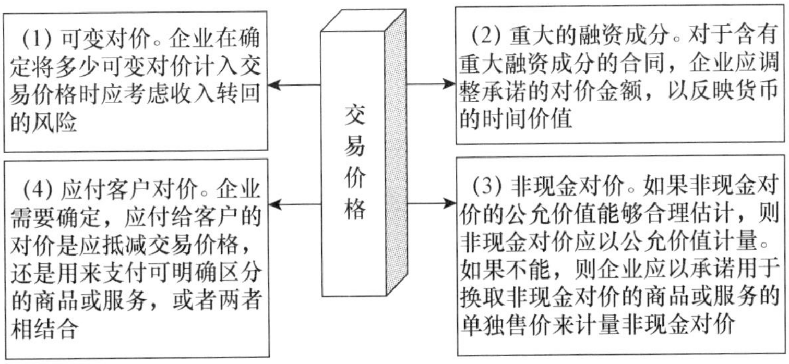

图 2－4 确定交易价格需要考虑的重要因素

交易价格，是指企业因向客户转让商品而预期有权收取的对价金额。企业代第三方收取的款项（例如增值税）以及企业预期将退还给客户的款项，应当作为负债进行会计处理，不计入交易价格。

【特别提示】

交易价格的核心内涵是预期有权收取的对价，代收款项不计入交易价格。

合同标价并不一定代表交易价格，企业应当根据合同条款，并结合以往的习惯做法确定交易价格。在确定交易价格时，企业应当考虑可变对价、合同中存在的重大融资成分、非现金对价以及应付客户对价等因素的影响，并假定将按照现有合同的约定向客户转移商品，且该合同不会被取消、续约或变更。

1. 可变对价

企业与客户的合同中约定的对价金额可能是固定的，也可能会因折扣、价格折让、返利、退款、奖励积分、激励措施、业绩奖金、索赔等因素而变化。此外，企业有权收取的对价金额，将根据一项或多项或有事项的发生有所不同的情况，也属于可变对价的情形。

【例 2-15】甲公司为其客户建造一栋厂房，合同约定的价款为100万元，但是，如果甲公司不能在合同签订之日起120天内竣工，则须支付10万元罚款，该罚款从合同价款中扣除。请问是否存在可变对价？

解析：

存在可变对价。

理由：该合同的对价金额（不是交易价格）实际由两部分组成，

即90万元的固定价格和10万元的可变对价。

【特别提示1】

关于新收入准则中现金折扣会计处理的争论。

新收入准则实施后，关于现金折扣是否属于可变对价在理论与实务中引发争论。我们征询了财政部会计司，并未得到明确答复，随后又与中国人民大学、厦门大学和湖南大学等专家学者进行多轮沟通，均未获得一致意见。部分教材中将现金折扣视为可变对价，客户享受现金折扣时冲减销售收入。我们认为，(1) 将现金折扣视为可变对价欠妥；(2) 即便将现金折扣视为可变对价，客户享受现金折扣时冲减销售收入违背了可变对价的会计处理规则。理由如下：

一是现金折扣本质上具有融资性质，企业之所以为客户提供现金折扣，是希望应收账款尽快回笼，现金折扣是企业为了让客户提前还款而付出的代价，将其计入“财务费用”更能够体现交易的实质。会计信息质量特征中有实质重于形式，在新收入准则没有明确现金折扣的会计处理时，计入“财务费用”是稳妥做法。

二是若将现金折扣视为可变对价，那么现金折扣的会计处理将变得异常复杂，不符合成本效益原则。根据可变对价的处理规则，若三一重工向客户销售一台挖土机形成应收账款113万元，提供的现金折扣是 (2/10，1/20，n/30)，那么，会计处理规则是：

首先要估计可变对价，因为这里面存在三种情况，所以要采用期望值估计客户享受现金折扣额的最佳估计数，在客户获得挖土机控制权时按最佳估计数确认收入，且每一资产负债表日需要重新估计可变对价金额，对可变对价的变动额直接调整当期的收入。

其次，客户实际享受的现金折扣与最佳估计数不一致，差额直接调整当期收入。即将现金折扣直接冲减收入违背了可变对价的会计处理规则，且会计处理过于复杂，不符合成本效益原则。

三是现金折扣成为可变对价的前提是企业与客户的合同中载明了现金折扣的相关条款。经与实务界沟通，现金折扣往往不体现在合同条款中，合同中的折扣主要是商业折扣，且将现金折扣写入合同条款也不是明智做法，理由是：

首先，在增值税法中，现金折扣属于销售折扣，不得从销售额中减除折扣额。

其次，在企业所得税法中，根据《国家税务总局关于确认企业所得税收入若干问题的通知》（国税函〔2008〕875号）第一条第（五）款规定，债权人为鼓励债务人在规定的期限内付款而向债务人提供的债务扣除属于现金折扣，销售商品涉及现金折扣的，应当按扣除现金折扣前的金额确定销售商品收入金额，现金折扣在实际发生时作为财务费用扣除。

由此可见，不论是在增值税还是企业所得税中，现金折扣均不得从销售额中扣除。若将现金折扣写入合同条款，增值税和企业所得税的销售额均是扣除现金折扣前的金额，从节税的角度看，将现金折扣替换为商业折扣（增值税和企业所得税均允许从销售额中扣减，从而少缴增值税和企业所得税）是明智选择。上述分析表明，有关现金折扣条款的最佳处理是企业实际销售完成确认收入之后再给予的补充条款，这就不属于可变对价。

四是将现金折扣计入“财务费用”，有助于确保会计处理与税务处理的一致性，减少纳税调整。在新收入准则及其应用指南和应用案例对现金折扣的处理尚未明确之前，按照现金折扣具有融资性质的交易实质计入“财务费用”，这种处理方式与增值税、企业所得税中的处理一致，无差异，减少了纳税调整成本。

五是部分教材将现金折扣视为可变对价，客户获得商品控制权时，企业全额确认收入，客户享受现金折扣时再冲减销售收入。该做法存在以下问题：

首先，将现金折扣作为可变对价处理，违背了前文所述的新收入准则关于可变对价的会计处理规则。

其次，客户享受现金折扣时再冲减销售收入会减少企业的营业收入，从而减少企业所得税法中有关限制性费用的扣除限额（如业务招待费的扣除限额是发生额的60%与销售收入（即会计上的营业收入＋视同销售收入，下同）的0.5%两者孰低，广告费和业务宣传费的扣除限额是销售收入的15%等），这对企业而言是不利的。

综上所述，我们认为，将现金折扣计入“财务费用”有助于体现其融资性质的交易实质，维护实质重于形式的信息质量要求，确保会计处理与税务处理的一致性，符合成本效益原则，是降低新收入准则执行成本的恰当选择。

【特别提示 2】

《〈国际财务报告准则第 15 号——客户合同收入〉应用指引》中关于现金折扣的会计处理说明如下：

卖方针对立即和迅速付款（即在正常赊销期结束之前支付）提供现金折扣。某项金额为 100 元的销售付款期为 90 天。如果客户在 30 天内支付，将获得发票总金额 10%的折扣。卖方按相同的赊销条款销售大量的类似项目（即该交易是类似项目组合中的一部分），卖方选择便于实务操作的方法（即对于期限为一年或更短的合同无需就融资成分做出调整），因此不会针对重大融资成分对已承诺的对价金额做出调整。

卖方应该如何对该提前付款激励措施进行会计处理呢？

《国际财务报告准则第 15 号——客户合同收入》将交易价格定义为，主体因向客户转让已承诺的商品或者服务而预计有权获得的对价金额。该金额可能因折扣、回扣、退款、抵免、激励措施、业绩奖金、罚款、价格折让或其他类似项目而发生变化。

在上述情况下，若不提供折扣，收入为 100 元；若提供折扣，则收入为 90 元。这导致主体有权获得的对价金额是可变的。

根据《国际财务报告准则第15号——客户合同收入》，如果合同中已承诺对价包含可变金额，主体应当：使用预期价值或最可能的金额法（具体取决于主体预计哪一种方法能更好地预测其有权获得的对价金额），及随后考虑对可变对价估计限制的影响，来估计其有权获得可变对价金额。

因此，卖方应在履约义务得到履行时（或履约过程中）确定收入，所确认的收入金额应扣除上文所述的预计提供的现金折扣。

例如，如果40%的交易中，客户都使用了该折扣，则预期值计算如下：

$$100\times60\%+90\times40\%=96(\text{元})$$

如果使用折扣的交易比例总是接近40%（即折扣处于40%左右的较窄范围），则很可能无需对可变对价的估计做出限制，并且应确认收入96元。

但是，如果使用折扣的交易比例差异幅度较大，则有必要应用对可变对价估计的限制，从而导致确认较低的收入金额。例如，历史数据可能表明，尽管长期平均比例为40%，但各月之间的比例变动幅度较大，而采用折扣的比例经常高达70%（但从未超出这一比例）。在这种情况下，卖方可能得出结论认为仅应将30%的可变对价纳入交易价格，因为若包括更高的金额，则可能会导致重大收入转回。在这种情况下，所确认的收入将以93元（100×30%+90×70%）为限。

【特别提示3】

(1) 尽管我们认为，将现金折扣作为可变对价处理的会计规则有违成本效益原则，但是考虑到新收入准则与《国际财务报告准则第15号——客户合同收入》趋同的精神，实务操作中建议按《〈国际财务报告准则第15号——客户合同收入〉应用指引》的规定予以处理，即按可变对价处理规则将现金折扣调减交易价格。

(2) 应关注当前主流会计教材中针对现金折扣的会计处理问题。销售方在客户获得控制权时全额确认收入，客户提前付款享受现金折扣时再冲减收入，该做法并不符合新收入准则和《〈国际财务报告准则第15号——客户合同收入〉应用指引》关于可变对价的处理规则，建议修改。值得注意的是，购买方获得的资产（如原材料、固定资产等）应适用存货准则或固定资产准则等，取得资产时应按全额确认成本（既符合会计准则的历史成本原则又符合现实中全额开具发票的实际情况），实际付款时少付的款项应冲减资产的成本，但不能开具红字增值税发票。

(3) 根据我们获得的最新消息，国家税务总局所得税司暂未启动针对新收入准则实施而调整企业所得税法相关规定的程序。有关现金折扣等会计处理与税收法规之间的差异或许将长期存在，读者应关注这种差异并进行规范的财税处理。

企业在判断合同中是否存在可变对价时，不仅应当考虑合同条款的约定，在下列情况下，即使合同中没有明确约定，合同的对价金额也是可变的：

一是根据企业已公开宣布的政策、特定声明或者以往的习惯做法等，客户能够合理预期企业将会接受低于合同约定的对价金额，即企业会以折扣、返利等形式提供价格折让；

二是其他相关事实和情况表明，企业在与客户签订合同时即打算向客户提供价格折让。

【特别提示】

判断是否存在可变对价需要考虑的因素：合同条款，合理预期企业提供价格折让，签约时打算提供价格折让。

合同中存在可变对价的，企业应当对计入交易价格的可变对价进行估计。

（1）可变对价最佳估计数的确定。在对可变对价进行估计时，企业应当按照期望值或最可能发生金额确定可变对价的最佳估计数。

1）期望值是按照各种可能发生的对价金额及相关概率计算确定的金额。如果企业拥有大量具有类似特征的合同，并估计合同可能产生多个结果时，通常按照期望值估计可变对价金额。

【特别提示】

期望值适用于合同产生多个结果。

【例 2-16】甲公司生产和销售电视机。2×20 年 3 月，甲公司向零售商乙公司销售 1 000 台电视机，每台价格为 3 000 元，合同价款合计 300 万元。甲公司向乙公司提供价格保护，同意在未来 6 个月内，如果同款电视机售价下降，则按照合同价格与最低售价之间的差额向乙公司支付差价。甲公司根据以往执行类似合同的经验，预计各种结果发生的概率如表 2-1 所示。上述价格均不含增值税。请分析以上业务在会计和税务处理上是否存在差异。

表 2-1

未来 6 个月内的降价金额（元/台）	概率
0	40%
200	30%
500	20%
1 000	10%

解析：

1. 会计处理

甲公司认为期望值能够更好地预测其有权获取的对价金额。在该方法下，甲公司估计每台交易价格为：

$$\begin{aligned}\text{每台交易价格} &= (3\,000-0)\times 40\% + (3\,000-200)\times 30\% \\ &\quad + (3\,000-500)\times 20\% + (3\,000-1\,000)\times 10\% \\ &= 2\,740(\text{元})\end{aligned}$$

2. 税务处理

根据《企业所得税法实施条例》第九条规定，企业应纳税所得额的计算，以权责发生制为原则，属于当期的收入和费用，不论款项是否收付，均作为当期的收入和费用；不属于当期的收入和费用，即使款项已经在当期收付，均不作为当期的收入和费用。

本例中，甲公司向零售商乙公司销售 1 000 台电视机，每台价格应以合同价格 3 000 元计算计税收入，未来因提供价格保护确实需要支付差价时，允许冲减当期的应纳税所得额。

2）最可能发生金额是一系列可能发生的对价金额中最可能发生的单一金额，即合同最可能产生的单一结果。当合同仅有两个可能结果时，通常按照最可能发生金额估计可变对价金额。

【特别提示】

最可能发生金额适用于合同仅有两个结果。

【例 2-17】甲公司为其客户建造一栋厂房，合同约定的价款为 100 万元，但是，如果甲公司不能在合同签订之日起的 120 天内竣工，则须支付 10 万元罚款，该罚款从合同价款中扣除。甲公司对合同结果的估计如下：工程按时完工的概率为 90%，工程延期的概率为 10%。请分析以上业务在会计和税务处理上是否存在差异。

解析：

1. 会计处理

由于该合同涉及两种可能结果，甲公司认为按照最可能发生金额能够更好地预测其有权获取的对价金额。因此，甲公司估计的交易价格为 100 万元，即为最可能发生的单一金额。

2. 税务处理

甲公司应将 100 万元作为合同预计总收入，并按完工进度确认收入，未来确实发生罚款时，再从当期应纳税所得额中扣除。

（2）计入交易价格的可变对价金额的限制。计入交易价格的可变对价金额还应该满足限制条件，即包含可变对价的交易价格，应当不超过在相关不确定性消除时，累计已确认的收入极可能不会发生重大转回的金额。企业在评估是否极可能不会发生重大转回时，应当同时考虑收入转回的可能性及其比重。其中，“极可能”发生的概率应远高于“很可能（即可能性超过 50%）”，但不要求达到“基本确定（即可能性超过 95%）”。

企业应当将满足上述限制条件的可变对价的金额，计入交易价格。每一资产负债表日，企业应当重新估计可变对价金额（包括重新评估对可变对价的估计是否受到限制），以如实反映报告期末存在的情况以及报告期内发生的情况变化。

【例 2-17】 2×20 年 12 月 1 日，甲公司与其分销商乙公司签订合同，向乙公司销售 1 000 件产品，每件产品的售价为 100 元，合同总价为10万元，乙公司当日取得这些产品的控制权。乙公司通常在取得产品后的90天内将其对外售出，且乙公司在这些产品售出后才向甲公司支付货款。上述价格均不含增值税。该合同中虽然约定了销售价格，但是基于甲公司过往的实务经验，为了维护与乙公司的客户关系，甲公司预计会向乙公司提供价格折扣，以便于乙公司能够以更加优惠的价格向最终客户销售这些产品，从而促进该产品的整体销量。因此，甲公司认为该合同的对价是可变的。

甲公司已销售该产品及类似产品多年，积累了丰富的经验，可观察的历史数据表明，甲公司以往销售此类产品时会给予客户大约20%的折扣。同时，根据当前市场信息分析，20%的降价幅度足以促进该产品的销量，从而提高其周转率。甲公司多年来向客户提供的折扣从未超过20%。请分析以上业务在会计和税务处理上是否存在差异。

解析：

1. 会计处理

甲公司按照期望值估计可变对价的金额，因为该方法能够更好地预测其有权获得的对价金额。甲公司估计的交易价格为80 000元[100×(1－20%)×1 000]。同时，甲公司还须考虑有关将可变对价计入交易价格的限制要求，以确定能否将估计的可变对价金额80 000元计入交易价格。根据其销售此类产品的历史经验、所取得的当前市场信息以及对当前市场的估计，甲公司预计，尽管存在某些不确定性，但是该产品的价格可在短期内确定。因此，甲公司认为，在不确定性消除（即折扣的总金额最终确定）时，已确认的累计收入金额 80 000 元极可能不会发生重大转回。因此，甲公司应当于 2×20 年 12 月 1 日将产品控制权转移给乙公司时，确认收入 80 000 元。

借：应收账款　　　　　　　　　　　　　　80 000

　贷：主营业务收入　　　　　　　　　　　　　80 000

2. 税务处理

对于可变对价，税法坚持实际发生的原则，按照合同发生价款确认收入，若后续产生折扣，再予以冲回。税务处理用会计的语言来表述，即

借：应收账款　　　　　　　　　　　　　　100 000

　贷：主营业务收入　　　　　　　　　　　　　100 000

【例 2-18】 2×20 年 10 月 1 日，甲公司签订合同，为一只股票型基金提供资产管理服务，合同期限为 3 年。甲公司所能获得的报酬包括两部分：一是每季度按照本季度末该基金净值的 1%收取管理费，该管理费不会因基金净值的后续变化而调整或被要求退回；二是该基金在 3 年内的累计回报如果超过 10%，则乙公司可以获得超额回报部分的 20%作为业绩奖励。2×20 年 12 月 31 日，该基金的净值为 5 亿元。假定不考虑相关税费影响。请分析以上业务在会计和税务处理上是否存在差异。

解析：

1. 会计处理

甲公司在该项合同中收取的管理费和业绩奖励均为可变对价，

其金额极易受到股票价格波动的影响，这是在甲公司影响范围之外的，虽然甲公司以往有类似合同的经验，但是，该经验在确定未来市场表现方面并不具有预测价值。因此，在合同开始日，甲公司无法对其能够收取的管理费和业绩奖励进行估计，也就是说，如果将估计的某一金额的管理费或业绩奖励计入交易价格，将不满足累计已确认的收入金额极可能不会发生重大转回的要求。

2×20 年 12 月 31 日，甲公司重新估计该合同的交易价格，影响本季度管理费收入金额的不确定性已经消除，甲公司确认管理费收入 500 万元（50 000×1%）。甲公司未确认业绩奖励收入，这是因为，该业绩奖励仍然会受到基金未来累计回报的影响，难以满足将可变对价计入交易价格的限制条件。在后续的每一资产负债表日，甲公司应当重新估计交易价格是否满足将可变对价计入交易价格的限制条件，以确定其收入金额。

2. 税务处理

对于可变对价，税法坚持实际发生的原则，按照实际发生价款确认收入。本例中，2×20 年 12 月 31 日企业所得税仅确认管理费收入 500 万元，业绩奖励收入待实际发生时予以确认。

因此税会处理一致，暂无差异。

2. 合同中存在重大融资成分

当合同各方以在合同中明确（或者以隐含的方式）约定的付款时间为客户或企业就转让商品的交易提供了重大融资利益时，则合同中即包含了重大融资成分。

在评估合同中是否存在融资成分以及该融资成分对于该合同而言是否重大时，企业应当考虑所有相关的事实和情况，包括：

（1）已承诺的对价金额与已承诺商品的现销价格之间的差额。

（2）企业将承诺的商品转让给客户与客户支付相关款项之间的预计时间间隔和相应的市场现行利率的共同影响。

【特别提示】

上述规定可简记为：对价金额与现销价格之差＋时间间隔和市场现行利率。

合同中存在重大融资成分的，企业应当按照假定客户在取得商品控制权时即以现金支付的应付金额（即现销价格）确定交易价格。企业在确定该重大融资成分的金额时，应使用将合同对价的名义金额折现为商品的现销价格的折现率。该折现率一经确定，不得因后续市场利率或客户信用风险等情况的变化而变更。企业确定的交易价格与合同承诺的对价金额之间的差额，应当在合同期间采用实际利率法摊销。

合同中存在企业为客户提供重大融资利益的，企业应按照应收合同价款，借记“长期应收款”等科目；按照假定客户在取得商品控制权时即以现金支付而须支付的金额（即现销价格）确定的交易价格，贷记“主营业务收入”；按其差额，贷记“未实现融资收益”科目。

合同中存在客户为企业提供重大融资利益的，企业应按照已收合同价款，借记“银行存款”等科目；按照假定客户在取得商品控制权时即以现金支付的应付金额（即现销价格）确定的交易价格，贷记“合同负债”等科目；按其差额，借记“未确认融资费用”科目。

需要说明的是，企业应当在单个合同层面考虑融资成分是否重大，而不应在合同组合层面考虑这些合同中的融资成分的汇总影响对企业整体而言是否重大。为简化实务操作，如果在合同开始日，企业预计客户取得商品控制权与客户支付价款间隔不超过一年的，可以不考虑合同中存在的重大融资成分。

【例 2-19】 2×20 年 1 月，甲公司与乙公司签订了一项施工总承包合同。合同约定的工期为 30 个月，工程造价为 8 亿元（不含税价）。甲乙双方每季度进行一次工程结算，并于完工时进行竣工结算，每次工程结算额（除质保金及相应的增值税外）由客户于工程结算后 5 个工作日内支付；除质保金外的工程尾款于竣工结算后 10 个工作日内支付；合同金额的 3%作为质保金，用以保证项目在竣工后 2 年内正常运行，在质保期满后 5 个工作日内支付。请分析以上业务在会计和税务处理上是否存在差异。

解析：

1. 会计处理

乙公司保留了 3%的质保金直到项目竣工 2 年后支付，虽然服务完成时间与乙公司付款的时间间隔较长，但是，该质保金旨在为乙公司提供工程质量保证，以防甲公司未能完成其合同义务，并非向乙公司提供融资。因此，甲公司认为该合同中不包含重大融资成分，无需就延期支付质保金的影响调整交易价格。

2. 税务处理

企业所得税按照完工进度（完工百分比）法确认收入，同时在工程竣工结算所在年度确认质量保证金收入。

因此税会处理一致，无差异。

【例 2-20】 2×20 年 1 月 1 日，甲公司与乙公司签订合同，向其销售一批产品。合同约定，该批产品将于 2 年后交货。合同中包含两种可供选择的付款方式，即乙公司可以在 2 年后交付产品时支付 449.44 万元，或者在合同签订时支付 400 万元。乙公司选择在合同签订时支付货款。该批产品的控制权在交货时转移。甲公司于 2×20 年 1 月 1 日收到乙公司支付的货款。上述价格均不含增值税，且假定不考虑相关税费影响。

按照上述两种付款方式计算的内含利率为 6%。考虑到乙公司付款时间和产品交付时间之间的间隔以及现行市场利率水平，甲公司认为该合同包含重大融资成分，在确定交易价格时，应当对合同承诺的对价金额进行调整，以反映该重大融资成分的影响。假定该融资费用不符合借款费用资本化的要求。请分析以上业务在会计和税务处理上是否存在差异。

解析：

1. 会计处理

甲公司账务处理如下：

(1) 2×20 年 1 月 1 日收到货款。

借：银行存款　4 000 000

　　未确认融资费用　494 400

　贷：合同负债　4 494 400

(2) 2×20 年 12 月 31 日确认融资成分的影响。

借：财务费用 (4 000 000×6%)　240 000

　贷：未确认融资费用　240 000

(3) 2×21 年 12 月 31 日交付产品。

借：财务费用 (4 240 000×6%)　254 400

　贷：未确认融资费用　254 400

借：合同负债　4 494 400

　贷：主营业务收入　4 494 400

2. 税务处理

根据国税函〔2008〕875 号第一条第二款规定，销售商品采取预收款方式的，在发出商品时确认收入。本例中，甲公司采取预收款方式将在发出商品时即 2×20 年 1 月 1 日确认计税收入。根据《企业所得税法实施条例》第二十三条第一款规定，以分期收款方式销售货物的，按照合同约定的收款日期确认收入的实现。因此，税法将按 400 万元确认计税收入及对应的计税成本。

【例 2-21】 2×20 年 1 月 1 日，A 公司与 B 公司签订一项购货合同，B 公司向 A 公司销售其生产的一台大型设备。合同约定，B 公司采用分期收款方式销售商品。该设备合同价款共计 4 000 000 元，

A公司在2×20年至2×24年的5年内每年支付800 000元，每年的付款日期分别为当年12月31日。2×20年1月1日，商品已经发出，该大型设备的成本为1 656 789元。在现销方式下，该大型设备的销售价格为3 032 632元。假定A公司与B公司均为增值税一般纳税人，该设备适用的增值税税率为13%，收到货款时开出增值税专用发票。请分析以上业务在会计和税务处理上是否存在差异。

解析：

1. 会计处理

B公司应当确认的销售商品收入金额为3 032 632元。

根据下列公式：

未来五年收款额的现值=现销方式下应收款项金额

可以得出：

$$800\,000\times(P/A,r,5)=3\,032\,632(\text{元})$$

可在多次测试的基础上，用插值法计算出折现率：

$$r=10\%$$

B公司相关会计处理如下：

(1) 2×20年1月1日销售实现时：

借：长期应收款	4 520 000	
贷：主营业务收入		3 032 632
未实现融资收益		967 368
应交税费——待转销项税额		520 000

借：主营业务成本　　1 656 789

　贷：库存商品　　1 656 789

(2) 2×20 年 12 月 31 日：

确认的融资收益＝(4 000 000－967 368)×10%

＝303 263.20(元)

借：未实现融资收益　　303 263.20

　贷：财务费用　　303 263.20

借：银行存款（4 520 000÷5）　　904 000

　应交税费——待转销项税额（800 000×13%）　104 000

　贷：长期应收款　　904 000

　　应交税费——应交增值税（销项税额）　　104 000

【特别提示】

分摊未实现融资收益时：

确认的融资收益＝长期应收款的期初摊余成本×实际利率

＝(长期应收款的期初余额－未实现融资收益的期初余额)×实际利率

值得注意的是，式中的“长期应收款”应为“不含税的长期应收款”。理由如下：一是未实现融资收益形成于分期付款销售合同中的不含税合同总价款与不含税现销价格（或现值）之差，那么对未实现融资收益的分摊应采用不含税期初长期应收款的摊余成本，否则逻辑上无法自洽；二是若采用含税期初长期应收款的摊余成本，则在操作上无法做平未实现融资收益的账，即未实现融资收益账户余额无法全部摊销掉。此外，“长期应收款”在报表中应按含税金额列示。

（3）2×21年12月31日：

确认的融资收益＝[(4 000 000－800 000)
－(967 368－303 263.20)]×10%
＝253 589.52(元)

借：未实现融资收益　　253 589.52
　贷：财务费用　　253 589.52
借：银行存款　　904 000
　　应交税费——待转销项税额　　104 000
　贷：长期应收款　　904 000
　　　应交税费——应交增值税（销项税额）　　104 000

以后期间的账务处理与2×21年12月31日的账务处理类似，此处略。

2. 税务处理

根据《企业所得税法实施条例》第二十三条第一款规定，以分期收款方式销售货物的，按照合同约定的收款日期确认收入的实现。

本例中，税务上将2×20年至2×24年的12月31日分期按800 000元确认计税收入及对应的计税成本（1 656 789÷5＝331 357.8），对于会计收入与税务收入的差额将形成税会暂时性差异。

3. 非现金对价

当企业因转让商品而有权向客户收取的对价是非现金形式时，如实物资产、无形资产、股权、客户提供的广告服务等，企业通常应当按照非现金对价在合同开始日的公允价值确定交易价格。非现金对价公允价值不能合理估计的，企业应当参照其承诺向客户转让商品的单独售价间接确定交易价格。

【特别提示】

非现金对价确定交易价格：首选合同开始日的公允价值，无法估计则单独售价。

非现金对价的公允价值可能会因对价的形式而发生变动（例如，企业有权向客户收取的对价是股票，股票本身的价格会发生变动），也可能会因为其形式以外的原因而发生变动（例如，企业有权收取非现金对价的公允价值因企业的履约情况而发生变动）。

合同开始日后，非现金对价的公允价值因对价形式以外的原因而发生变动的，应当作为可变对价，按照与计入交易价格的可变对价金额的限制条件相关的规定进行处理；非现金对价的公允价值因对价形式而发生变动的，该变动金额不应计入交易价格。

【特别提示】

合同开始日后，非现金对价公允价值发生变动：对价形式的不计入交易价格；非对价形式的计入可变对价。

【例 2-22】 甲企业为客户生产一台专用设备。双方约定，如果甲企业能够在 30 天内交货，则可以额外获得 100 股客户的股票作为奖励。合同开始日，该股票的价格为每股 5 元。由于缺乏执行类似合同的经验，当日，甲企业估计，该 100 股股票的公允价值计入交易价格将不满足累计已确认的收入极可能不会发生重大转回的限制条件。合同开始日之后的第 25 天，甲企业将该设备交付给客户，从而获得了 100 股股票，该股票在此时的价格为每股 6 元。假定甲企业将该股票作为以公允价值计量且其变动计入当期损益的金融资产。请分析以上业务在会计和税务处理上是否存在差异。

解析：

1. 会计处理

合同开始日，该股票的价格为每股 5 元，由于缺乏执行类似合同的经验，当日，甲企业估计，该 100 股股票的公允价值计入交易价格将不满足累计已确认的收入极可能不会发生重大转回的限制条件，因此，甲企业不应将该 100 股股票的公允价值 500 元计入交易价格。合同开始日之后的第 25 天，甲企业获得了 100 股股票，该股票在此时的价格为每股 6 元。甲企业应当将股票（非现金对价）的公允价值因对价形式以外的原因而发生的变动即 500 元（5×100）确认为收入；因对价形式原因而发生的变动即 100 元（600－500）计入公允价值变动损益。

借：交易性金融资产　　600
　贷：主营业务收入　　500
　　　公允价值变动损益　　100

2. 税务处理

合同开始日该对价股票为或有事项，企业所得税计算中不予确认，与会计处理相同，无差异，不需调整。合同开始日之后的第 25 天，甲企业获得了 100 股股票，该股票在此时的价格为每股 6 元，应以 600 元确认应税收入。因为会计处理中 100 元计入了“公允价值变动损益”，当该股票未抛售时，应在会计利润的基础上调增 100 元。

4. 应付客户对价

企业在向客户转让商品的同时，需要向客户或第三方支付对价的，应当将该应付对价冲减交易价格，但应付客户对价是为了自客户处取得其他可明确区分商品的除外。

企业应付客户对价是为了自客户处取得其他可明确区分商品的，应当采用与企业其他采购相一致的方式确认所购买的商品。企业应付客户对价超过自客户处取得的可明确区分商品公允价值的，超过部分金额应当作为应付客户对价冲减交易价格。自客户处取得的可明确区分商品的公允价值不能合理估计的，企业应当将应付客户对价全额冲减交易价格。

在对应付客户对价冲减交易价格进行会计处理时，企业应当在确认相关收入与支付（或承诺支付）客户对价二者孰晚的时点冲减当期收入。

【例 2－23】 某消费品制造企业与大型连锁超市签订一年期合同，约定超市在当年内至少购买价值 1 500 万元的产品。合同规定：企业需要在合同开始日向超市支付 150 万元的不可返还款项，以补偿超市为了摆放商品更改货架发生的支出。请分析以上业务在会计和税务处理上是否存在差异。

解析：

1. 会计处理

企业支付给超市的 150 万元并未取得可明确区分的商品或服务，因此 150 万元为交易价格的抵减。企业应在确认商品销售收入的同时，按比例抵减销售收入 10％（150÷1 500）。例如：企业在某月实现了发票金额为 200 万元的销售，则应当确认收入减去给超市的对价 20 万元，从而确认收入为 180 万元。

2. 税务处理

根据企业所得税处理的一般原则，企业支付给超市的 150 万元应按规定计入销售费用。

（四）将交易价格分摊至各单项履约义务

1. 分摊的一般原则

合同中包含两项或多项履约义务的，企业应当在合同开始日，按照各单项履约义务所承诺商品的单独售价的相对比例，将交易价格分摊至各单项履约义务。

单独售价，是指企业向客户单独销售商品的价格。

【特别提示】

交易价格分摊比例：单独售价的比例。具体在计算分摊时，建议先算分配率（等待分摊的交易价格总额÷各单独售价之和），然后用各单项履约义务对应的单独售价乘以分配率，得出应该分摊的金额。

【例 2-24】甲公司与客户签订合同，向客户销售 A，B，C 三种产品，合同价款为 10 000 元。A，B，C 三种产品的单独售价分别为 5 000 元、2 500 元和 7 500 元，合计 15 000 元。上述价格均不含增值税。请分析以上业务在会计和税务处理上是否存在差异。

解析：

1. 会计处理

根据上述交易价格分摊原则，A 产品应当分摊的交易价格为 3 333 元（5 000÷15 000×10 000），B 产品应当分摊的交易价格为 1 667 元（2 500÷15 000×10 000），C 产品应当分摊的交易价格为 5 000 元（7 500÷15 000×10 000）。

2. 税务处理

《国家税务总局关于确认企业所得税收入若干问题的通知》（国

税函〔2008〕875号）规定，企业为促进商品销售而在商品价格上给予的价格扣除属于商业折扣，商品销售涉及商业折扣的，应当按照扣除商业折扣后的金额确定销售商品收入金额。

A，B，C三种产品的单独售价分别为5 000元、2 500元和7 500元，单独售价合计15 000元，而合同价款为10 000元，表明合同折扣为5 000元，即税务处理以合同价款10 000元确认收入，税会处理一致，无差异。但是，具体到A，B，C三种产品各自应确认的收入问题，税法按各自公允价值的比例予以分摊，而会计则按单独售价的比例来分摊，两者存在一定的差异。实务中，若公允价值与单独售价差异较小，建议不予调整。

单独售价无法直接观察的，企业应当综合考虑其能够合理取得的全部相关信息，采用市场调整法、成本加成法、余值法等合理估计单独售价。企业应当最大限度地采用可观察的输入值，并对类似的情况采用一致的估计方法。

市场调整法，是指企业根据某商品或类似商品的市场售价，考虑本企业的成本和毛利等进行适当调整后的金额，确定其单独售价的方法。

成本加成法，是指企业根据某商品的预计成本加上其合理毛利后的金额，确定其单独售价的方法。

余值法，是指企业根据合同交易价格减去合同中其他商品可观察单独售价后的余额，确定某商品单独售价的方法。企业在商品近期售价波动幅度巨大，或者因未定价且未曾单独销售而使售价无法可靠确定时，可采用余值法估计其单独售价。

2. 分摊合同折扣

合同折扣，是指合同中各单项履约义务所承诺商品的单独售价之和高于合同交易价格的金额。企业应当在各单项履约义务之间按比例分摊合同折扣。有确凿证据表明合同折扣仅与合同中一项或多项（而非全部）履约义务相关的，企业应当将该合同折扣分摊至相关的一项或多项履约义务。

【特别提示】

合同折扣源于单独售价之和大于合同价。分摊时，一般按单独售价比例分摊；若折扣仅与一项或多项履约义务有关，则分摊至该履约义务。

【例2-25】甲公司与客户签订合同，向客户销售A，B，C三种产品，合同总价款为120万元，这三种产品构成三项履约义务。甲公司经常以50万元单独出售A产品，其单独售价可直接观察；B产品和C产品的单独售价不可直接观察，甲公司采用市场调整法估计的B产品单独售价为25万元，采用成本加成法估计的C产品单独售价为75万元。甲公司通常以50万元的价格单独销售A产品，并将B产品和C产品组合在一起以70万元的价格销售。上述价格均不含增值税。请分析以上业务在会计和税务处理上是否存在差异。

解析：

1. 会计处理

三种产品的单独售价合计为150万元，而该合同的价格为120万元，该合同的整体折扣为30万元。由于甲公司经常将B产品和C产品组合在一起以70万元的价格销售，该价格与其单独售价之和（100万元）的差额为30万元，与该合同的整体折扣一致，而A产品单独销售的价格与其单独售价一致，证明该合同的整体折扣仅应归属于B产品和C产品。

因此，在该合同下，分摊至A产品的交易价格为50万元，分摊至B产品和C产品的交易价格合计为70万元。甲公司应当进一步按照B产品和C产品的单独售价的相对比例将该价格在两者之间进行分摊：B产品应分摊的交易价格为17.5万元（25÷100×70），C产品应分摊的交易价格为52.5万元（75÷100×70）。

2. 税务处理

对于捆绑销售的合同，一般按A，B，C三种产品各自公允价值的比例来分配确认收入。值得注意的是，公允价值的定义与单独售价的定义存在差异。单独售价，是指企业向客户单独销售商品的价格。对于公允价值，《企业所得税法实施条例》将其界定为按照市场价格确定的价值；而《企业会计准则——基本准则》将其定义为市场参与者在计量日发生的有序交易中，出售一项资产所能收到或者转移一项负债所需支付的价格。当前，企业所得税法规中尚无单独售价的规定，从实务操作来讲，会计处理中分摊的折扣更为科学，若公允价值与单独售价之间没有显著差异，建议不予调整。

有确凿证据表明，合同折扣仅与合同中的一项或多项（而非全部）履约义务相关，且企业采用余值法估计单独售价的，应当首先在该一项或多项（而非全部）履约义务之间分摊合同折扣，然后再采用余值法估计单独售价。

【特别提示】

余值法下折扣分摊的规则：先分摊折扣，后余值法估计单独售价。

【例 2-26】 接例 2-25，A，B，C 三种产品的单独售价均不变，合计为 150 万元，B，C 产品组合销售的折扣仍为 30 万元。但是，合同总价款为 160 万元，甲公司与该客户签订的合同中还包括销售 D 产品。D 产品的价格波动巨大，甲公司向不同的客户单独销售 D 产品的价格在 20 万～60 万元之间。请分析以上业务在会计和税务处理上是否存在差异。

解析：

1. 会计处理

由于 D 产品价格波动巨大，甲公司计划用余值法估计其单独售价。由于合同折扣 30 万元仅与 B，C 产品有关，因此，甲公司首先应当在 B，C 产品之间分摊合同折扣。A，B 和 C 产品在分摊了合同折扣之后的单独售价分别为 50 万元、17.5 万元和 52.5 万元，合计为120万元。然后，甲公司采用余值法估计D产品的单独售价为40万元（160—120），该金额在甲公司以往单独销售D产品的价格区间之内，表明该分摊结果符合分摊交易价格的目标，即该金额能够反映甲公司因转让D产品而预期有权收取的对价金额。

假定合同总价款不是160万元，而是125万元，甲公司采用余值法估计的D产品的单独售价仅为5万元（125—120），该金额在甲公司过往单独销售D产品的价格区间之外，表明该分摊结果可能不符合分摊交易价格的目标，即该金额不能反映甲公司因转让D产品而预期有权收取的对价金额。在这种情况下，用余值法估计D产品的单独售价可能是不恰当的，甲公司应当考虑采用其他方法估计D产品的单独售价。

2. 税务处理

对于捆绑销售的合同，一般按A，B，C，D四种产品各自公允价值的比例来分配确认收入。从理论与实务上来讲，会计处理中分摊的折扣更能如实反映实际情况，即更为科学。若公允价值与单独售价之间没有显著差异，建议不予调整。

3. 分摊可变对价

合同中包含可变对价的，该可变对价可能与整个合同相关，也可能仅与合同中的某一特定组成部分有关。后者包括两种情形：一是可变对价可能与合同中的一项或多项（而非全部）履约义务有关；二是可变对价可能与企业向客户转让的构成单项履约义务的一系列可明确区分商品中的一项或多项（而非全部）商品有关。

同时满足下列两项条件的，企业应当将可变对价及可变对价的后续变动额全部分摊至与之相关的某项履约义务，或者构成单项履约义务的一系列可明确区分商品中的某项商品。

一是可变对价的条款专门针对企业为履行该项履约义务或转让该项可明确区分商品所作的努力（或者是履行该项履约义务或转让该项可明确区分商品所导致的特定结果）。

二是企业在考虑了合同中的全部履约义务及支付条款后，将合同对价中的可变金额全部分摊至该项履约义务或该项可明确区分商品符合分摊交易价格的目标。

【特别提示】

上述规定可简记为：可变对价条款专门针对明确区分商品＋可变对价分摊至明确区分商品符合分摊交易价格目标（即交易价格反映预期有权收取的对价）。

对于不满足上述条件的可变对价及可变对价的后续变动额，以及可变对价及其后续变动额中未满足上述条件的剩余部分，企业应当按照分摊交易价格的一般原则，将其分摊至合同中的各单项履约义务。对于已履行的履约义务，其分摊的可变对价后续变动额应当调整变动当期的收入。

【例 2－27】甲公司与乙公司签订合同，将其拥有的两项专利技术 X 和 Y 授权给乙公司使用。假定两项授权分别构成单项履约义务，且都属于在某一时点履行的履约义务。合同约定，授权使用专利技术X的价格为80万元，授权使用专利技术Y的价格为乙公司使用该专利技术所生产的产品销售额的3%。专利技术X和Y的单独售价分别为80万元和100万元。甲公司估计其就授权使用专利技术Y而有权收取的特许权使用费为100万元。上述价格均不含增值税。请分析以上业务在会计和税务处理上是否存在差异。

解析：

1. 会计处理

该合同中包含固定对价和可变对价，其中，授权使用专利技术X的价格为固定对价，且与其单独售价一致；授权使用专利技术Y的价格为乙公司使用该专利技术所生产的产品销售额的3%，属于可变对价。该可变对价全部与授权使用专利技术Y能够收取的对价有关，且甲公司基于实际销售情况估计收取的特许权使用费的金额接近Y的单独售价。因此，甲公司将可变对价部分的特许权使用费金额全部由Y承担，符合交易价格的分摊目标。

2. 税务处理

对于可变对价，税法坚持实际发生的原则，按照合同发生价款（专利技术X为80万元，专利技术Y为100万元）确认收入，即分摊的可变对价收入暂不予确认，因此将形成税会暂时性差异。

4. 交易价格的后续变动

交易价格发生后续变动的，企业应当按照在合同开始日所采用的基础[1]将该后续变动金额分摊至合同中的履约义务。企业不得因合同开始日之后单独售价的变动而重新分摊交易价格。

对于合同变更导致的交易价格后续变动，应当按照企业会计准则有关合同变更的规定进行会计处理。合同变更之后发生可变对价后续变动的，企业应当区分下列三种情形分别进行会计处理：

合同变更属于本节合同变更第（1）规定情形[2]的，企业应当判断可变对价后续变动与哪项合同相关，并按照分摊可变对价的相关规定进行会计处理。

合同变更属于本节合同变更第（2）规定情形[3]，且可变对价后续变动与合同变更前已承诺可变对价相关的，企业应当首先将该可变对价后续变动额以原合同开始日确定的单独售价为基础进行分摊，然后再将分摊至合同变更日尚未履行履约义务的该可变对价后续变动额以新合同开始日确定的基础进行二次分摊。

合同变更之后发生除上述两种情形以外的可变对价后续变动的，企业应当将该可变对价后续变动额分摊至合同变更日尚未履行（或部分未履行）的履约义务。

【例 2-28】 2×18 年 9 月 1 日，甲公司与乙公司签订合同，向乙公司销售 A 产品和 B 产品。A 产品和 B 产品均为可明确区分商品且两种产品单独售价相同，也均属于在某一时点履行的履约义务。合

---

① 该基础即为单独售价的比例。

② 参见本书第 46 页。

③ 参见本书第 48 页。

同约定，A产品和B产品分别于2×18年11月1日和2×19年3月31日交付给乙公司。合同约定的对价包括1 000元的固定对价和估计金额为200元的可变对价。假定甲公司将200元的可变对价计入交易价格，满足新收入准则有关将可变对价金额计入交易价格的限制条件。因此，该合同的交易价格为1 200元。上述价格均不含增值税。

2×18年12月1日，双方对合同范围进行了变更，乙公司向甲公司额外采购C产品，合同价格增加300元，C产品与A，B两种产品可明确区分，但该增加的价格不反映C产品的单独售价。C产品的单独售价与A产品和B产品相同。C产品将于2×19年6月30日交付乙公司。

2×18年12月31日，甲企业预计有权收取的可变对价的估计金额由200元变更为240元，该金额符合将可变对价金额计入交易价格的限制条件。因此，合同的交易价格增加了40元，且甲公司认为该增加额与合同变更前已承诺的可变对价相关。

假定上述三种产品的控制权均随产品交付而转移给乙公司。请分析以上业务在会计和税务处理上是否存在差异。

解析：

1. 会计处理

在合同开始日，该合同包含两项履约义务，甲公司应当将估计的交易价格分摊至这两项履约义务。由于两种产品的单独售价相同，且可变对价不符合分摊至其中一项履约义务的条件，因此，甲公司将交易价格1 200元平均分摊至A产品和B产品，即A产品和B产品各自分摊的交易价格均为600元。

2×18 年 11 月 1 日，当 A 产品交付客户时，甲公司相应确认收入 600 元。

2×18 年 12 月 1 日，双方进行了合同变更。该合同变更属于新收入准则第八条规定的第（二）种情形，因此该合同变更应当作为原合同终止，并将原合同的未履约部分与合同变更部分合并为新合同进行会计处理。在该新合同下，合同的交易价格为 900 元（600＋300），由于 B 产品和 C 产品的单独售价相同，分摊至 B 产品和 C 产品的交易价格的金额均为 450 元。

2×18 年 12 月 31 日，甲公司重新估计可变对价，增加了交易价格 40 元。由于该增加额与合同变更前已承诺的可变对价相关，因此应首先将该增加额分摊给 A 产品和 B 产品，之后再将分摊给 B 产品的部分在 B 产品和 C 产品形成的新合同中进行二次分摊。

由于 A，B 和 C 三种产品的单独售价相同，在将 40 元的可变对价后续变动分摊至 A 产品和 B 产品时，各自分摊的金额均为 20 元。由于甲公司已经转让了 A 产品，在交易价格发生变动的当期即应将分摊至 A 产品的 20 元确认为收入。

之后，甲公司将分摊至 B 产品的 20 元平均分摊至 B 产品和 C 产品，即各自分摊的金额均为 10 元。经过上述分摊后，B 产品和 C 产品的交易价格金额均为 460 元（450＋10）。因此，甲公司分别在 B 产品和 C 产品控制权转移时确认收入 460 元。

2. 税务处理

对于可变对价，税法坚持实际发生原则，即分摊的可变对价收入不予确认，当可变对价因为产品交付变为确定性对价时，才确认收入，这会形成税会暂时性差异。具体而言，2018 年 11 月 1 日，当 A 产品交付客户时，甲公司应确认的应税收入是 500 元（1 000÷2）；2019 年 3 月 31 日，当 B 产品交付客户时（若实际对价与可变对价的预计保持一致），甲公司应确认的应税收入是 620 元（1 000÷2＋240÷2）；2019 年 6 月 30 日，当 C 产品交付客户时（若实际对价与可变对价的预计保持一致），甲公司应确认的应税收入是 420 元（300＋240÷2）。

（五）履行每一单项履约义务时确认收入

企业应当在履行了合同中的履约义务即客户取得相关商品控制权时确认收入。

【特别提示】

新收入准则强调客户取得相关商品控制权时确认收入，即从客户一方考虑收入确认问题。

企业将商品的控制权转移给客户，该转移可能在某一时段内（即履行履约义务的过程中）发生，也可能在某一时点（即履约义务完成时）发生。

企业应当根据实际情况，首先判断履约义务是否满足在某一时段内履行的条件，如不满足，则该履约义务属于在某一时点履行的履约义务。对于在某一时段内履行的履约义务，企业应当选取恰当的方法来确定履约进度；对于在某一时点履行的履约义务，企业应当综合分析控制权转移的迹象，判断其转移时点。

【特别提示】

在某一时段内履行履约义务：通过计量履约进度在一段时间内收入。

在某一时点履行履约义务：在客户获得商品控制权时确认收入。

1. 在某一时段内履行的履约义务的收入确认条件

满足下列条件之一的（见表2－2），属于在某一时段内履行履约义务，相关收入应当在该履约义务履行的期间内确认。

表2－2

条件	履约义务	举例
（1）	客户在企业履约的同时即取得并消耗企业履约所带来的经济利益（同时性）	常规或经常性的服务
（2）	客户能够控制企业履约过程中在建的商品（控制在建商品）	在客户场地上建造资产
（3）	企业履约过程中所产出的商品不具有可替代用途，且该企业在整个合同期间有权就累计至今已完成的履约部分收取款项（不可替代＋整个合同期内有权收取成本及合理利润）	建造只有客户能够使用的专项资产，或按照客户的指示建造资产

（1）客户在企业履约的同时即取得并消耗企业履约所带来的经

济利益。企业在履约过程中持续地向客户转移企业履约所带来的经济利益的，该履约义务属于在某一时段内履行的履约义务，企业应当在履行履约义务的期间确认收入。

对于难以通过直观判断获知结论的情形，企业在进行判断时，可以假定在企业履约的过程中更换为其他企业继续履行剩余履约义务，当该继续履行合同的其他企业实质上无需重新执行企业累计至今已经完成的工作时，表明客户在企业履约的同时即取得并消耗了企业履约所带来的经济利益。

例如，甲企业承诺将客户的一批货物从A市运送到B市。假定该批货物在途经C市时，由乙运输公司接替甲企业继续提供该运输服务。由于A市到C市之间的运输服务是无需重新执行的，表明客户在甲企业履约的同时即取得并消耗了甲企业履约所带来的经济利益，因此，甲企业提供的运输服务属于在某一时段内履行的履约义务。

（2）客户能够控制企业履约过程中在建的商品。企业在履约过程中在建的商品包括在产品、在建工程、尚未完成的研发项目、正在进行的服务等，由于客户控制了在建的商品，客户在企业提供商品的过程中获得利益，因此，该履约义务属于在某一时段内履行的履约义务，应当在该履约义务履行的期间确认收入。

【例 2-29】甲企业与客户签订合同，在客户拥有的土地上按照客户的设计要求为其建造厂房。在建造过程中客户有权修改厂房设计，并与甲企业重新协商设计变更后的合同价款。客户每月末按当月工程进度向甲企业支付工程款。如果客户终止合同，已完成建造部分的厂房归客户所有。请分析以上业务在会计和税务处理上是否存在差异。

解析：

1. 会计处理

甲企业为客户建造厂房，该厂房位于客户的土地上，客户终止合同时，已建造的厂房归客户所有，这些均表明客户在该厂房建造的过程中就能够控制该在建的厂房。因此，甲企业提供的该建造服务属于在某一时段内履行的履约义务，甲企业应当在提供该服务的期间内确认收入。

2. 税务处理

企业所得税法规定，企业在各个纳税期末，提供劳务交易的结果能够可靠估计的，应采用完工进度（完工百分比）法确认提供劳务收入，可以根据累计已发生的合同成本占合同预计总成本的比例作为完工进度计算确认收入。因此税会处理一致。

（3）企业履约过程中所产出的商品具有不可替代用途，且该企业在整个合同期间内有权就累计至今已完成的履约部分收取款项。

1）商品具有不可替代用途。在判断商品是否具有不可替代用途时，企业既应当考虑合同限制，也应当考虑实际可行性限制，但无需考虑合同被终止的可能性。企业在判断商品是否具有不可替代用途时，需要注意下列四点：

一是判断时点是合同开始日。企业应当在合同开始日判断所承诺的商品是否具有不可替代用途，此后，除非发生合同变更，且该变更显著改变了原合同约定的履约义务，否则，企业无需重新进行判断。

二是考虑合同限制。当合同中存在实质性的限制条款，导致企业不能将合同约定的商品用于其他用途时，该商品满足具有不可替代用途的条件。此外，如果合同中的限制条款仅为保护性条款，则不予考虑。

三是考虑实际可行性限制。虽然合同中没有限制条款，但是当企业将合同中约定的商品用作其他用途，将导致企业遭受重大的经济损失时，企业将该商品用作其他用途的能力实际上受到了限制。

四是基于最终转移给客户的商品的特征判断。当商品在生产的前若干个生产步骤是标准化的，只是从某一时点（或者某一流程）才进入定制化的生产时，企业应当根据最终转移给客户时该商品的特征来判断其是否满足“具有不可替代用途”的条件。

2）企业在整个合同期间有权就累计至今已完成的履约部分收取款项。即在由于客户或其他方原因终止合同的情况下，企业有权就累计至今已完成的履约部分收取能够补偿其已发生成本和合理利润的款项，并且该权利具有法律约束力。

需要强调的是，合同终止必须是由于客户或其他方而非企业自身的原因所致，在整个合同期间的任一时点，企业均应当拥有此项权利。企业在进行判断时，需要注意下列五点：

一是企业有权收取的该款项应当大致相当于累计至今已经转移

给客户的商品的售价，即该金额应当能够补偿企业已经发生的成本和合理利润。

二是企业有权就累计至今已完成的履约部分收取款项，并不意味着企业拥有现时可行使的无条件收款权。企业通常会在与客户的合同中约定，只有在达到某一重要时点、某重要事项完成后或者整个合同完成后，企业才拥有无条件的收取相应款项的权利。

三是当客户只有在某些特定时点才有权终止合同，或者根本无权终止合同时，客户终止了合同（包括客户没有按照合同约定履行其义务），但是，合同条款或法律法规要求，企业应继续向客户转移合同中承诺的商品并因此有权要求客户支付对价，此种情况也符合“企业有权就累计至今已完成的履约部分收取款项”的要求。

四是企业在进行判断时，既要考虑合同条款的约定，还应当充分考虑适用的法律法规、补充或者凌驾于合同条款之上的以往司法实践以及类似案例的结果等。

五是企业和客户之间在合同中约定的付款时间进度表，不一定就表明企业有权就累计至今已完成的履约部分收取款项，这是因为合同约定的付款进度和企业的履约进度可能并不匹配。此种情况下，企业仍需要证据对其是否有该收款权进行判断。

【例 2－30】甲公司是一家造船企业，与乙公司签订了一份船舶建造合同，按照乙公司的具体要求设计和建造船舶。甲公司在自己的厂区内完成该船舶的建造，乙公司无法控制在建过程中的船舶。甲公司如果想把该船舶出售给其他客户，需要发生重大的改造成本。

双方约定，如果乙公司单方面解约，乙公司需向甲公司支付相当于合同总价30%的违约金，且建造中的船舶归甲公司所有。假定该合同仅包含一项履约义务，即设计和建造船舶。请分析以上业务在会计和税务处理上是否存在差异。

解析：

1. 会计处理

船舶是按照乙公司的具体要求进行设计和建造的，甲公司需要发生重大的改造成本将该船舶改造之后才能将其出售给其他客户，因此，该船舶具有不可替代用途。然而，如果乙公司单方面解约，仅需向甲公司支付相当于合同总价30%的违约金，表明甲公司无法在整个合同期间都有权就累计至今已完成的履约部分收取能够补偿其已发生成本和合理利润的款项。因此，甲公司为乙公司设计和建造船舶不属于在某一时段内履行的履约义务，将在履行每一单项履约义务时即设计和建造完成时确认收入。

2. 税务处理

《企业所得税法实施条例》第二十三条第二款规定：企业受托加工制造大型机械设备、船舶、飞机，以及从事建筑、安装、装配工程业务或者提供其他劳务等，持续时间超过12个月的，按照纳税年度内完工进度或者完成的工作量确认收入的实现。因此本例中税会处理不一致，将形成税会暂时性差异。

【例2-31】甲咨询公司与客户签订了一个提供咨询服务的合同，由甲公司为客户提供专业意见（专业报告），专业意见针对客户事实情况。如果客户终止咨询合同，假定甲咨询公司完全遵守合同义务，合同要求客户赔偿甲公司发生的成本，另加15%的毛利率，15%的毛利率接近甲公司类似合同取得的利润率。请判断履约义务是时段内义务还是时点义务。

解析：

1. 会计处理

履约义务是时段内义务。在某一时段内履行履约义务的收入确认条件的第一条为，确定客户是否同时取得及消耗企业履约所提供的利益。如果企业未能履行其义务，企业已完成的工作就无法给客户带来经济利益，因为客户只有在收到了专业意见后才能取得企业履约。

因此，得出如下结论：该合同并没有满足在某一时段内履行履约义务的收入确认条件的第一条的标准。但该合同满足在某一时段内履行履约义务的收入确认条件的第三条，即企业履约过程中所产出的商品具有不可替代用途，且该企业在整个合同期间有权就累计至今已完成的履约部分收取款项。企业有权就累计至今已完成的履约部分收取能够补偿其已发生成本和合理利润的款项，并且该权利具有法律约束力。

2. 税务处理

《企业所得税法实施条例》第二十三条第二款规定，企业提供其他劳务等，持续时间超过12个月的，按照纳税年度内完工进度或者完成的工作量确认收入的实现。本例中，如果提供的咨询服务合同持续时间超过12个月，且提供劳务交易的结果能够可靠估计，就要按完工进度或完成的工作量确认收入（类似于会计上的时段内履约义务）。如果提供的咨询服务合同持续时间小于12个月，则在提供的服务完成时确认收入（类似于会计上的时点履约义务）。所以，税会处理标准存在差异。

2. 在某一时段内履行的履约义务的收入确认方法

对于在某一时段内履行的履约义务，企业应当在该段时间内按照履约进度确认收入，履约进度不能合理确定的除外。

企业应当考虑商品的性质，采用产出法或投入法确定恰当的履约进度，并且在确定履约进度时，应当扣除那些控制权尚未转移给客户的商品和服务。

企业按照履约进度确认收入时，通常应当在资产负债表日按照合同的交易价格总额乘以履约进度扣除以前会计期间累计已确认的收入后的金额，确认为当期收入。

（1）产出法。产出法是根据已转移给客户的商品对于客户的价值确定履约进度的方法，通常可采用实际测量的完工进度、评估已实现的结果、已达到的里程碑、时间进度、已完工或交付的产品等产出指标确定履约进度。当选择的产出指标无法计量控制权已转移给客户的商品时，不应采用产出法。

产出法是根据能够代表向客户转移商品控制权的产出指标直接计算履约进度的，因此通常能够客观地反映履约进度。

【特别提示】

新收入准则要求首选产出法确定履约进度。

【例2-32】甲公司与客户签订合同，为该客户拥有的一条铁路更换100根铁轨，合同价格为10万元（不含税价）。截至2×19年12月31日，甲公司共更换铁轨60根，剩余部分预计在2×20年3月31日前完成。该合同仅包含一项履约义务，且该履约义务满足在某一时段内履行的条件。假定不考虑其他情况。请分析以上业务在会计和税务处理上是否存在差异。

解析：

1. 会计处理

甲公司提供的更换铁轨的服务属于在某一时段内履行的履约义务，甲公司按照已完成的工作量确定履约进度。因此，截至2×19年12月31日，该合同的履约进度为60%(60÷100×100%)，甲公司应确认的收入为6万元（10×60%）。

2. 税务处理

《国家税务总局关于确认企业所得税收入若干问题的通知》（国税函〔2008〕875号）规定，企业在各个纳税期末，提供劳务交易的结果能够可靠估计的，应采用完工进度（完工百分比）法确认提供劳务收入。因此本例中税会处理无差异。

但是，产出法下有关产出指标的信息有时可能无法直接观察获得，企业为获得这些信息需要花费很高的成本，这就可能需要采用投入法来确定履约进度。

（2）投入法。投入法是根据企业履行履约义务的投入确定履约进度的方法，通常可采用投入的材料数量、花费的人工工时或机器工时、发生的成本和时间进度等投入指标确定履约进度。当企业从事的工作或发生的投入是在整个履约期间内平均发生时，企业也可按照直线法确认收入。

【例 2－33】乙公司经营一家健身俱乐部。2×20 年 2 月 1 日，某客户与乙公司签订合同，成为乙公司的会员，并向乙公司支付会员费 3 600 元（不含税价），可在未来 12 个月内在该俱乐部健身，且没有次数限制。请问乙公司是否应按照直线法确认收入？

解析：

1. 会计处理

应按照直线法确认收入。

理由：客户在会籍期间可随时来俱乐部健身，且没有次数限制，客户已使用俱乐部健身的次数不会影响其未来继续使用的次数。乙公司在该合同下的履约义务是承诺随时准备在客户需要时为其提供健身服务。

该履约义务属于在某一时段内履行的履约义务，并且该履约义务在会员的会籍期间随时间的流逝而被履行。

因此，乙公司应按照直线法确认收入，即每月应当确认的收入为 300 元（3 600÷12）。截至 2×20 年 12 月 31 日，乙公司应确认的收入为 3 300 元（300×11）。

需要说明的是，如果客户购买的是确定数量的服务，如在未来 12 个月内，客户可随时来健身俱乐部健身 100 次，则乙公司的履约义务是为客户提供这 100 次健身服务，而不是随时准备为其提供健身服务的承诺。因此，乙公司应当按照客户已使用健身服务的次数确认收入。

2. 税务处理

《国家税务总局关于确认企业所得税收入若干问题的通知》（国税函〔2008〕875 号）第二条规定，企业在各个纳税期末，提供劳务交易的结果能够可靠估计的，应采用完工进度（完工百分比）法确认提供劳务收入。本例中，乙公司应在 2×20 年 12 月 31 日确认应税收入 3 300 元（3 600×11÷12），确认收入的金额与会计处理相同。但会计处理是每月确认收入 300 元，而税务处理是 2×20 年确认收入 3 300 元[①]。

企业在采用投入法确定履约进度时，应当扣除那些虽然已经发生但未导致向客户转移商品的投入。

实务中，通常按照累计实际发生的成本占预计总成本的比例（即成本法）确定履约进度。

在下列情形下，企业在采用成本法确定履约进度时，可能需要对已发生的成本进行适当的调整：

---

① 若乙公司按季预缴，则除 2×20 年第一季度末确认收入 600 元之外，其他季度均确认收入 900 元。

1）已发生的成本并未反映企业履行履约义务的进度。例如，企业生产效率低下等原因而导致的非正常消耗，包括非正常消耗的直接材料、直接人工及制造费用等，不应包括在累计实际发生的成本中，这是因为这些非正常消耗并没有为合同进度做出贡献，但企业和客户在订立合同时已经预见会发生这些成本并将其包括在合同价款中的除外。

2）已发生的成本与企业履行履约义务的进度不成比例。当企业已发生的成本与履约进度不成比例，企业在采用成本法确定履约进度时需要进行适当调整，通常仅以其已发生的成本为限确认收入。对于施工中尚未安装、使用或耗用的商品（此处的商品不包括服务）或材料成本等，当企业在合同开始日就预期将能满足下列所有条件时，应在采用成本法确定履约进度时不包括这些成本：

一是该商品或材料不可明确区分，即不构成单项履约义务；

二是客户先取得该商品或材料的控制权，之后才接受与之相关的服务；

三是该商品或材料的成本相对于预计总成本而言是重大的；

四是企业自第三方采购该商品或材料，且未深入参与其设计和制造，对于包含该商品的履约义务而言，企业是主要责任人。

【例 2-34】 2×18 年 10 月，甲公司与客户签订合同，为客户装修一栋办公楼，包括安装一部电梯，合同总金额为 100 万元。甲公司预计的合同总成本为 80 万元，其中包括电梯的采购成本 30 万元。

2×18 年 12 月，甲公司将电梯运达施工现场并经过客户验收，客户已取得对该电梯的控制权，但是，根据装修进度，预计到2×19年2月才会安装该电梯。截至2×18年12月，甲公司累计发生成本40万元，其中包括支付给电梯供应商的采购成本30万元以及因采购电梯发生的运输和人工等相关成本5万元。假定该装修服务（包括安装电梯）构成单项履约义务，并属于在某一时段内履行的履约义务，甲公司是主要责任人，但不参与电梯的设计和制造；甲公司采用成本法确定履约进度；上述金额均不含增值税。请分析以上业务在会计和税务处理上是否存在差异。

解析：

1．会计处理

截至2×18年12月，甲公司发生成本40万元（包括电梯采购成本30万元以及因采购电梯发生的运输和人工等相关成本5万元），认为其已发生的成本和履约进度不成比例，因此需要对履约进度的计算作出调整，将电梯的采购成本排除在已发生成本和预计总成本之外。在该合同中，该电梯不构成单项履约义务，其成本相对于预计总成本而言是重大的，甲公司是主要责任人，但是未参与该电梯的设计和制造，客户先取得了电梯的控制权，随后才接受与之相关的安装服务，因此，甲公司在客户取得该电梯控制权时，按照该电梯采购成本的金额确认转让电梯产生的收入。

2×18年12月，该合同的履约进度为20%[(40－30)÷(80－30)]，应确认的收入和成本金额分别为44万元[(100－30)×20%＋30]和40万元[(80－30)×20%＋30]。

故会计处理为：

借：合同履约成本　　400 000

　贷：原材料、应付职工薪酬　　400 000

借：合同结算——收入结转　　440 000

　贷：主营业务收入　　440 000

借：主营业务成本　　400 000

　贷：合同履约成本　　400 000

2. 税务处理

《国家税务总局关于确认企业所得税收入若干问题的通知》（国税函〔2008〕875号）规定，企业在各个纳税期末，提供劳务交易的结果能够可靠估计的，应采用完工进度（完工百分比）法确认提供劳务收入。企业应按照从接受劳务方已收或应收的合同或协议价款确定劳务收入总额，根据纳税期末提供劳务收入总额乘以完工进度扣除以前纳税年度累计已确认提供劳务收入后的金额，确认为当期劳务收入；同时，按照提供劳务估计总成本乘以完工进度扣除以前纳税期间累计已确认劳务成本后的金额，结转为当期劳务成本。

根据上述规则，完工进度＝40÷80＝50%，若税务处理用会计语言来描述，则

借：合同履约成本　　400 000

　贷：原材料、应付职工薪酬　　400 000

借：合同结算——收入结转　　500 000

　贷：主营业务收入　　500 000

借：主营业务成本　　400 000

　贷：合同履约成本　　400 000

对于因为税会不同计算方法下完工进度不同导致的收入、成本差额，将形成税会暂时性差异。不过客观分析，会计处理中关于履约进度的计算更加科学，值得税法借鉴。需要注意的是，新收入准则中结转的成本是实际发生的成本 400 000 元，而税法中是按完工百分比计算的结转成本，即 800 000×50%＝400 000（元）。两者之间的理念存在重大差异。

【例 2－35】甲建筑公司与其客户签订一项总金额为 580 万元的固定造价合同，该合同不可撤销。甲公司负责工程的施工及全面管理，客户按照第三方工程监理公司确认的工程完工量，每年与甲公司结算一次。该工程已于 2×19 年 2 月开工，预计 2×22 年 6 月完工，可能发生的工程总成本为 550 万元。到 2×20 年底，由于材料价格上涨等因素，甲公司将预计工程总成本调整为 600 万元。2×21 年末根据工程最新情况将预计工程总成本调整为 610 万元。假定该建造工程整体构成单项履约义务，并属于在某一时段内履行的履约义务，该公司采用成本法确定履约进度，不考虑其他相关因素。该合同的其他有关资料如表 2－3 所示。

表 2－3　　单位：万元

项目	2×19 年	2×20 年	2×21 年	2×22 年	2×23 年
年末累计实际发生成本	154	300	488	610	—
年末预计完成合同尚需发生成本	396	300	122	—	—
本期结算合同价款	174	196	180	30	—
本期实际收到价款	187.4	209.6	208	—	33

按照合同约定，工程质保金30万元须等到客户于2×23年底保证期结束且未发生重大质量问题时方能收款。上述价款均不含增值税额。假定甲公司与乙公司结算时即发生增值税纳税义务，增值税税率为9%。请分析以上业务在会计和税务处理上是否存在差异。

解析：

1. 会计处理

2×19年账务处理如下：

（1）实际发生合同成本。

借：合同履约成本　　1 540 000

　贷：原材料、应付职工薪酬等　　1 540 000

（2）确认计量当年的收入并结转成本。

履约进度＝154÷(154＋396)＝28%

合同收入＝580×28%＝162.4(万元)

借：合同结算——收入结转　　1 624 000

　贷：主营业务收入　　1 624 000

借：主营业务成本　　1 540 000

　贷：合同履约成本　　1 540 000

（3）结算合同价款。

借：应收账款　　1 896 600

　贷：合同结算——价款结算　　1 740 000

　　　应交税费——应交增值税（销项税额）　　156 600

（4）实际收到合同价款。

借：银行存款　　1 874 000

　贷：应收账款　　1 874 000

2×19年12月31日，“合同结算”科目的余额为贷方11.6万元（174－162.4），表明甲公司已经与客户结算但尚未履行履约义务的金额为11.6万元。由于甲公司预计该部分履约义务将在2×20年内完成，因此，应在资产负债表中作为合同负债列示。

2×20年的账务处理如下：

（1）实际发生合同成本。

借：合同履约成本（3 000 000－1 540 000）　　1 460 000

　贷：原材料、应付职工薪酬等　　1 460 000

（2）确认计量当年的收入并结转成本，同时，确认合同预计损失。

履约进度＝300÷(300＋300)＝50%

合同收入＝580×50%－162.4＝127.6(万元)

借：合同结算——收入结转　　1 276 000

　贷：主营业务收入　　1 276 000

借：主营业务成本　　1 460 000

　贷：合同履约成本　　1 460 000

借：主营业务成本　　100 000

　贷：预计负债　　100 000

合同预计损失=(300+300−580)×(1−50%)=10(万元)

在2×20年底，由于该合同预计总成本（600万元）大于合同预计总收入（580万元），预计发生损失总额为20万元，由于其中10万元（20×50%）已经反映在损益中，因此应将剩余的为完成工程将发生的预计损失10万元确认为当期损失。根据《企业会计准则第13号——或有事项》的相关规定，待执行合同变成亏损合同，该亏损合同产生的义务满足相关条件的，则应当对亏损合同确认预计负债。因此，为完成工程将发生的预计损失10万元应当确认为预计负债。

（3）结算合同价款。

借：应收账款　　2 136 400

　贷：合同结算——价款结算　　1 960 000

　　应交税费——应交增值税（销项税额）　　176 400

（4）实际收到合同价款。

借：银行存款　　2 096 000

　贷：应收账款　　2 096 000

2×20年12月31日，“合同结算”科目的余额为贷方80万元(11.6+196−127.6)，表明甲公司已经与客户结算但尚未履行履约义务的金额为80万元，由于甲公司预计该部分履约义务将在2×21年内完成，因此，应在资产负债表中作为合同负债列示。

2×21年的账务处理如下：

(1) 实际发生的合同成本。

借：合同履约成本（4 880 000－3 000 000）　　1 880 000

　贷：原材料、应付职工薪酬等　　1 880 000

(2) 确认计量当年的合同收入并结转成本，同时调整合同预计损失。

履约进度＝488÷(488＋122)＝80%

合同收入＝580×80%－162.4－127.6＝174(万元)

合同预计损失＝(488＋122－580)×(1－80%)－10

＝－4(万元)

借：合同结算——收入结转　　1 740 000

　贷：主营业务收入　　1 740 000

借：主营业务成本　　1 880 000

　贷：合同履约成本　　1 880 000

借：预计负债　　40 000

　贷：主营业务成本　　40 000

在2×21年底，由于该合同预计总成本（610万元）大于合同总收入（580万元），预计发生损失总额为30万元，由于其中24万元（30×80%）已经反映在损益中，因此预计负债的余额为6万元（30－24），反映剩余的为完成工程将发生的预计损失，因此，本期应转回合同预计损失4万元。

(3) 结算合同价款。

借：应收账款　　1 962 000

　贷：合同结算——价款结算　　1 800 000

　　　应交税费——应交增值税（销项税额）　　162 000

（4）实际收到合同价款。

借：银行存款　　2 080 000

　贷：应收账款　　2 080 000

2020年12月31日，“合同结算”科目的余额为贷方86万元（80＋180－174），表明甲公司已经与客户结算但尚未履行履约义务的金额为86万元，由于该部分履约义务将在2×22年6月底前完成，因此，应在资产负债表中作为合同负债列示。

2×22年1—6月的账务处理如下：

（1）实际发生合同成本。

借：合同履约成本（6 100 000－4 880 000）　　1 220 000

　贷：原材料、应付职工薪酬等　　1 220 000

（2）确认计量当期的合同收入并结转成本及已计提的合同损失。

$$\frac{2\times22\text{年1—6月}}{\text{确认的合同收入}}=\frac{\text{合同}}{\text{总金额}}-\frac{\text{截至目前累计}}{\text{已确认的收入}}$$

$$=580-162.4-127.6-174$$

$$=116(\text{万元})$$

借：合同结算——收入结转　　1 160 000

　贷：主营业务收入　　1 160 000

借：主营业务成本　　1 220 000

　贷：合同履约成本　　1 220 000

借：预计负债　　60 000

　贷：主营业务成本　　60 000

2×22 年 6 月 30 日，“合同结算”科目的余额为借方 30 万元（86—116），是工程质保金，需等到客户于 2×23 年底保质期结束且未发生重大质量问题后方能收款，应在资产负债表中作为合同资产列示。

2×23 年的账务处理如下：

（1）保质期结束且未发生重大质量问题。

借：应收账款　　327 000

　贷：合同结算——价款结算　　300 000

　　应交税费——应交增值税（销项税额）　　27 000

（2）实际收到合同价款。

借：银行存款　　330 000

　贷：应收账款　　330 000

2. 税务处理

《国家税务总局关于确认企业所得税收入若干问题的通知》（国税函〔2008〕875 号）规定，企业在各个纳税期末，提供劳务交易的结果能够可靠估计的，应采用完工进度（完工百分比）法确认提供劳务收入。

企业应按照从接受劳务方已收或应收的合同或协议价款确定劳

务收入总额，根据纳税期末提供劳务收入总额乘以完工进度扣除以前纳税年度累计已确认提供劳务收入后的金额，确认为当期劳务收入。同时，按照提供劳务估计总成本乘以完工进度扣除以前纳税期间累计已确认劳务成本后的金额，结转为当期劳务成本。

根据上述规则，税务处理上完工进度的计算方法与会计处理保持一致，但税法对于合同预计损失不予确认，待实际发生时调整应纳税所得额，故自2×20年起会计处理上对于合同预计损失调整的成本将形成税会暂时性差异，需要进行纳税调整。此外，需要注意的是，新收入准则按履约进度确认收入，按实际发生的合同履约成本结转成本；而税法仍按履约进度结转成本。两者之间的理念存在重大差异。

每一资产负债表日，企业应当对履约进度进行重新估计。当客观环境发生变化时，企业也需要重新评估履约进度是否发生变化，以确保履约进度能够反映履约情况的变化，该变化应当作为会计估计变更进行会计处理。

对于在某一时段内履行的履约义务，只有当其履约进度能够合理确定时，才应当按照履约进度确认收入。当履约进度不能合理确定时，企业已经发生的成本预计能够得到补偿的，应当按照已经发生的成本金额确认收入，直到履约进度能够合理确定为止。

3. **在某一时点履行的履约义务**

对于不属于在某一时段内履行的履约义务，应当属于在某一时点履行的履约义务，企业应当在客户取得相关商品控制权时确认收入。在判断客户是否已取得商品控制权（即客户是否能够主导该商品的使用并从中获得几乎全部的经济利益）时，企业应当考虑下列五个迹象：

（1）企业就该商品享有现时收款权利，即客户就该商品负有现时付款义务。

（2）企业已将该商品的法定所有权转移给客户，即客户已拥有该商品的法定所有权。

（3）企业已将该商品实物转移给客户，即客户已占有该商品实物。

1）委托代销安排。这一安排是指委托方和受托方签订代销合同或协议，委托受托方向终端客户销售商品。在这种安排下，企业应当评估受托方在企业向其转让商品时是否已获得对该商品的控制权，如果没有，企业不应在此时确认收入，通常应当在受托方售出商品时确认销售商品收入；受托方应当在商品销售后，按合同或协议约定的方法计算确定的手续费确认收入。

【例 2－36】甲公司委托乙公司销售 W 商品 1 000 件，W 商品已经发出，每件成本为 70 元。合同约定乙公司应按每件 100 元对外销售，甲公司按不含增值税销售价格的 10%向乙公司支付手续费。除非这些商品在乙公司存放期间由于乙公司的责任发生毁损或丢失，否则在 W 商品对外销售之前，乙公司没有义务向甲公司支付货款。乙公司不承担包销责任，没有售出的 W 商品须退回给甲公司，同时，甲公司也有权要求收回 W 商品或将其销售给其他客户。乙公司对外实际销售 1 000 件，开出的增值税专用发票上注明的销售价格为

100 000 元，增值税税额为 13 000 元，款项已经收到，乙公司立即向甲公司开具代销清单并支付货款。甲公司收到乙公司开具的代销清单时，向乙公司开具一张相同金额的增值税专用发票。假定甲公司发出 W 商品时纳税义务尚未发生，手续费增值税税率为 6%，不考虑其他因素。请分析以上业务在会计和税务处理上是否存在差异。

解析：

1. 会计处理

甲公司将 W 商品发送至乙公司后，乙公司虽然已经实际占有 W 商品，但仅是接受甲公司的委托销售 W 商品，并根据实际销售的数量赚取一定比例的手续费。甲公司有权要求收回 W 商品或将其销售给其他客户，乙公司并不能主导这些商品的销售，这些商品对外销售与否、是否获利以及获利多少等不由乙公司控制，乙公司没有取得这些商品的控制权。因此，甲公司将 W 商品发送至乙公司时，不应确认收入，而应当在乙公司将 W 商品销售给最终客户时确认收入。

甲公司的账务处理如下：

（1）发出商品。

借：发出商品——乙公司	70 000	
贷：库存商品——W 商品		70 000

（2）收到代销清单，同时发生增值税纳税义务。

借：应收账款——乙公司	113 000	
贷：主营业务收入——销售 W 商品		100 000

应交税费——应交增值税（销项税额） 13 000

借：主营业务成本——销售W商品 70 000

贷：发出商品——乙公司 70 000

借：销售费用——代销手续费 10 000

应交税费——应交增值税（进项税额） 600

贷：应收账款——乙公司 10 600

（3）收到乙公司支付的货款。

借：银行存款 102 400

贷：应收账款——乙公司 102 400

乙公司的账务处理如下：

（1）收到商品。

借：受托代销商品——甲公司 100 000

贷：受托代销商品款——甲公司 100 000

（2）对外销售。

借：银行存款 113 000

贷：受托代销商品——甲公司 100 000

应交税费——应交增值税（销项税额） 13 000

（3）收到增值税专用发票。

借：受托代销商品款——甲公司 100 000

应交税费——应交增值税（进项税额） 13 000

贷：应付账款——甲公司 113 000

（4）支付货款并计算代销手续费。

借：应付账款——甲公司	113 000
贷：银行存款	102 400
其他业务收入——代销手续费	10 000
应交税费——应交增值税（销项税额）	600

2. 税务处理

《国家税务总局关于确认企业所得税收入若干问题的通知》（国税函〔2008〕875号）规定，销售商品采用支付手续费方式委托代销的，在收到代销清单时确认收入。因此，本例中税会处理一致，无需调整。

2）售后代管商品安排。售后代管商品是指根据企业与客户签订的合同，已经就销售的商品向客户收款或取得了收款权利，但是直到在未来某一时点将该商品交付给客户之前，仍然继续持有该商品实物的安排。在这种情况下，尽管企业仍持有商品的实物，但是，当客户已经取得了对该商品的控制权时，即使客户决定暂不行使实物占有的权利，其依然有能力主导该商品的使用并从中获得几乎全部的经济利益。因此，企业不再控制该商品，而只是向客户提供了代管服务。

企业同时满足下列四项条件，才表明客户取得了该商品的控制权：

一是该安排必须具有商业实质，例如，该安排是应客户的要求而订立的；

二是属于客户的商品必须能够单独识别，例如，将属于客户的商品单独存放在指定地点；

三是该商品可以随时交付给客户；

四是企业不能自行使用该商品或将该商品提供给其他客户。

【特别提示】

上述规定可简记为：具有商业实质＋能够单独识别＋可以随时交付＋不能自行使用/提供给其他客户。

需要注意的是，如果在满足上述条件的情况下，企业对尚未发货的商品确认了收入，则企业应当考虑是否还承担了其他的履约义务，例如，向客户提供保管服务等，从而应当将部分交易价格分摊至该履约义务。

【例 2-37】 2×18 年 1 月 1 日，甲公司与乙公司签订合同，向其销售一台设备和专用零部件。设备和零部件的制造期为 2 年。甲公司在完成设备和零部件的生产之后，能够证明其符合合同约定的规格。假定在该合同下，向客户转让设备和零部件是可明确区分的，因此，企业应将其作为两项履约义务，且都属于在某一时点履行的履约义务。

2×19 年 12 月 31 日，乙公司支付了该设备和零部件的合同价款，并对其进行了验收。乙公司运走了设备，但是，考虑到其自身的仓储能力有限，且其工厂紧邻甲公司的仓库，因此，要求将零部件存放于甲公司的仓库中，并且要求甲公司按照其指令随时安排发货。乙公司已拥有零部件的法定所有权，且这些零部件可明确识别为属于乙公司的物品。甲公司在其仓库的单独区域内存放这些零部件，并应乙公司的要求可随时发货，甲公司不能使用这些零部件，也不能将其提供给其他客户使用。请分析以上业务在会计和税务处理上是否存在差异。

解析：

1. 会计处理

2×19 年 12 月 31 日，设备的控制权已转移给乙公司。对于零部件而言，甲公司已经收取合同价款，但是应乙公司的要求尚未发货，乙公司已拥有零部件的法定所有权并且对其进行了验收。虽然这些零部件实物尚由甲公司持有，但是其满足在售后代管商品的安排下客户取得商品控制权的条件，这些零部件的控制权也已经转移给乙公司。因此，甲公司应当确认销售设备和零部件的相关收入。

除此之外，甲公司还为乙公司提供了仓储保管服务，该服务与设备和零部件可明确区分，构成单项履约义务。

2. 税务处理

《企业所得税法实施条例》第二十三条第二款规定，企业受托加工制造大型机械设备、船舶、飞机，以及从事建筑、安装、装配工程业务或者提供其他劳务等，持续时间超过 12 个月的，按照纳税年度内完工进度或者完成的工作量确认收入的实现。即 2×18 年 12 月 31 日应当按照完工进度确认销售设备和零部件相关的收入，同时按完工进度结转相关成本，此时与会计处理将形成税会暂时性差异。

2×19年12月31日，税法要求确认销售设备和零部件的剩余收入，结转相关成本，会计处理上将全额确认相关收入，同样将形成税会暂时性差异，需要进行纳税调整。

【例2-38】A公司生产并销售笔记本电脑。2×18年，A公司与零售商B公司签订销售合同，向其销售1万台电脑。由于B公司的仓储能力有限，无法在2×18年底之前接收该批电脑，双方约定A公司在2×19年按照B公司的指令按时发货，并将电脑运送至B公司指定的地点。2×18年12月31日，A公司共有上述电脑库存1.2万台，其中包括1万台将要销售给B公司的电脑。这1万台电脑和其余2 000台电脑一起存放并统一管理，并且彼此之间可以互相替换。请问这是否属于售后代管商品安排？

解析：

1. 会计处理

不属于售后代管安排。

理由：尽管是由于B公司没有足够的仓储空间才要求A公司暂不发货，并按照其指定的时间发货，但是由于这1万台电脑与A公司的其他产品可以互相替换，且未单独存放保管，A公司在向B公司交付这些电脑之前，能够将其提供给其他客户或者自行使用。因此，这1万台电脑在2×18年12月31日不满足售后代管商品安排下确认收入的条件。

2. 税务处理

按照企业所得税法的一般原则，截至2×18年12月31日，A

公司并未执行合同发货，所以 2×18 年度并不需要确认收入，在 2×19 年执行合同时再确认收入。就 2×18 年度而言，税会处理无差异。

（4）企业已将该商品所有权上的主要风险和报酬转移给客户，即客户已取得该商品所有权上的主要风险和报酬。

（5）客户已接受该商品。如果客户已经接受了企业提供的商品，例如，企业销售给客户的商品通过了客户的验收，可能表明客户已经取得了该商品的控制权。

需要强调的是，在上述五个迹象中，并没有哪一个或哪几个迹象是决定性的，企业应当根据合同条款和交易实质进行分析，综合判断其是否将商品的控制权转移给客户以及何时转移的，从而确定收入确认的时点。此外，企业应当从客户的角度进行评估，而不应当仅考虑企业自身的看法。

【特别提示 1】

上述应考虑的五个迹象可简记为：现时收款权利＋所有权转移＋实物已转移＋主要风险报酬转移＋客户已接受。

【特别提示 2】

五个迹象的评估需要从“企业＋客户”层面进行双重评估。

第三章/*Chapter Three*

合同成本及其税务处理

本章思维导图

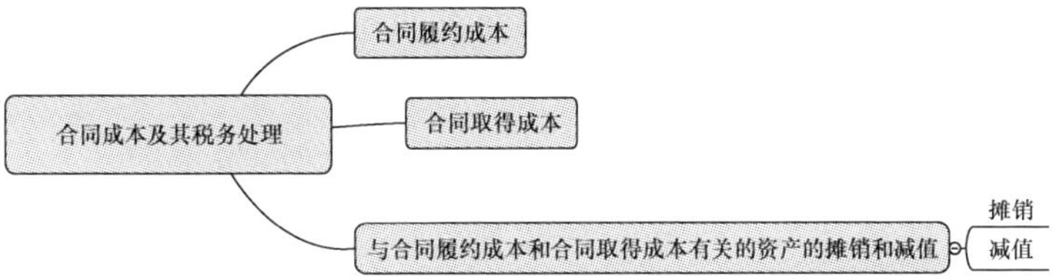

一、合同履约成本

合同履约成本确认为资产应满足的条件如下：

(1) 该成本与一份当前或预期取得的合同直接相关。与合同直接相关的成本包括直接人工、直接材料、制造费用或类似费用（如与组织和管理生产、施工、服务等有关活动发生的费用，包括管理人员的职工薪酬、劳动保护费、固定资产折旧费及修理费、物料消耗、取暖费、水电费、办公费、差旅费、财产保险费、工程保修费、排污费、临时设施摊销费等）、明确由客户承担的成本以及仅因该合同而发生的其他成本（如支付给分包商的成本、机械使用费、设计和技术援助费用、施工现场二次搬运费、生产工具和用具使用费、检验试验费、工程定位复测费、工程点交费、场地清理费等）。

（2）该成本增加了企业未来用于履行（包括持续履行）履约义务的资源。

（3）该成本预期能够收回。

需要注意的是，企业应当在下列支出发生时，将其计入当期损益：

一是管理费用，除非这些费用明确由客户承担。

二是非正常消耗的直接材料、直接人工和制造费用（或类似费用），这些支出为履行合同发生，但未反映在合同价格中。

三是与履约义务中已履行（包括已全部履行或部分履行）部分相关的支出，即该支出与企业过去的履约活动相关。

四是无法在尚未履行的与已履行（或已部分履行）的履约义务之间区分的相关支出。

【特别提示1】

合同履约成本确认为资产的条件可简记为：与合同直接相关+增加履约义务资源+预期能够收回。

【特别提示2】

核算时应设置“合同履约成本”科目，该科目与“生产成本”科目核算方法基本相同。

【例3-1】甲公司经营一家酒店，该酒店是甲公司的自有资产。甲公司在进行会计核算时，除发生餐饮、商品材料等成本外，还需要计提与酒店经营相关的固定资产折旧（如酒店、客房以及客房内的设备家具等）、无形资产摊销（如酒店土地使用权等）等费用。请问应如何对这些折旧、摊销进行会计处理和税务处理？

解析：

1. 会计处理

甲公司主要通过提供客房服务赚取收入，而客房服务的提供直接依赖于酒店物业（包含土地）以及家具等相关资产，即与客房服务相关的资产折旧和摊销属于甲公司为履行与客户的合同而发生的服务成本。

该成本需先考虑是否满足新收入准则资本化条件，如果满足，应作为合同履约成本进行会计处理，并在收入确认时对合同履约成本进行摊销，计入“营业成本”。

此外，这些酒店物业等资产中与客房服务不直接相关的，例如财务部门相关的资产折旧等费用或者销售部门相关的资产折旧等费用，则需要按功能计入“管理费用”或“销售费用”等科目。

即如果满足新收入准则第二十六条“成本的资本化要求同时符合下列条件：该成本与一份当前或预期取得的合同直接相关；该成本增加了企业未来用于履约义务的资源；该成本预期能够收回”的规定，会计分录为：

借：合同履约成本

　贷：累计折旧

借：主营业务成本

　贷：合同履约成本

如果不满足，会计分录为：

借：主营业务成本

　贷：累计折旧

2. 税务处理

对于计提与酒店经营相关的固定资产折旧、无形资产摊销费用，税法上属于与取得收入有关的合理的支出，允许税前扣除。就本例而言，税法按规定提取的折旧费、摊销费，允许在计算应纳税所得额时扣除。当折旧、摊销费用满足成本的资本化条件时，将形成税会暂时性差异，需要进行纳税调整；当折旧、摊销费用不满足成本的资本化条件时，税会之间的处理无差异。

【例 3-2】甲公司与乙公司签订合同，为乙公司信息中心提供管理服务，合同期限为 5 年。在向乙公司提供服务之前，甲公司设计并搭建了一个信息技术平台供甲公司内部使用，该信息技术平台由相关的硬件和软件组成。甲公司需要提供设计方案，将该信息技术平台与乙公司现有的信息系统对接，并进行相关测试。该平台并不会转让给乙公司，但是，将用于向乙公司提供服务。甲公司为该平台的设计、购买硬件和软件以及信息中心的测试发生了成本。除此之外，甲公司专门指派两名员工，负责向乙公司提供服务。请分析以上业务在会计和税务处理上是否存在差异。

解析：

1. 会计处理

甲公司在为履行合同发生的上述成本中，购买硬件和软件的成本应当分别按照固定资产和无形资产进行会计处理；设计服务成本和信息中心的测试成本与履行该合同直接相关，并且增加了甲公司未来用于履行履约义务（即提供管理服务）的资源，如果甲公司预期该成本可通过未来提供服务收取的对价收回，则甲公司应当将这些成本确认为一项资产。

甲公司向两名负责该项目的员工支付的工资费用，虽然与向乙公司提供服务有关，但是由于其并未增加甲公司未来用于履行履约义务的资源，因此，应当于发生时计入当期损益。

2. 税务处理

《国家税务总局关于确认企业所得税收入若干问题的通知》（国税函〔2008〕875号）规定，企业在各个纳税期末，提供劳务交易的结果能够可靠估计的，应采用完工进度（完工百分比）法确认提供劳务收入。甲公司为履行合同发生的购买硬件和软件的成本按照固定资产和无形资产进行核算，员工支付的工资费用在发生时计入当期损益，税会处理一致，不形成差异；设计服务成本和信息中心的测试成本与履行该合同直接相关，税务上在确认收入的同时将该部分确认为对应的成本，属于与取得收入有关的支出，允许税前扣除，而会计上预期其可收回便确认为一项资产，税会处理不一致，将形成税会暂时性差异。

二、合同取得成本

企业为取得合同发生的增量成本预期能够收回的，应当作为合同取得成本确认为一项资产。

增量成本，是指企业不取得合同就不会发生的成本，如销售佣金等。

为简化实务操作，该资产摊销期限不超过一年的，可以在发生时计入当期损益。

企业为取得合同发生的、除预期能够收回的增量成本之外的其他支出，例如，无论是否取得合同均会发生的差旅费、投标费、为准备投标资料发生的相关费用等，应当在发生时计入当期损益，除非这些支出明确由客户承担。

【特别提示】

会计核算时，应设置“合同取得成本”科目。

【例 3-3】 甲公司是一家咨询公司，其通过竞标赢得一个新客户，为取得与该客户的合同，甲公司聘请外部律师进行尽职调查，支付相关费用 15 000 元，为投标而发生差旅费 10 000 元，支付内部销售人员佣金 5 000 元。甲公司预期这些支出未来均能收回。此外，甲公司根据其年度销售目标、整体盈利情况及个人业绩等，向销售部门经理支付年度奖金 10 000 元。请分析以上业务在会计和税务处理上是否存在差异。

解析：

1. 会计处理

甲公司因签订与该客户的合同而向内部销售人员支付的佣金属于为取得合同发生的增量成本，应将其作为合同取得成本确认为一项资产。甲公司聘请外部律师进行尽职调查发生的支出、为投标发生的差旅费，无论是否取得合同都会发生，不属于增量成本，因此，应于发生时直接计入当期损益。甲公司向销售部门经理支付的年度奖金也不是为取得合同发生的增量成本，因为该奖金发放与否以及发放金额还取决于其他因素（包括公司的盈利情况和个人业绩），并不能直接归属于可识别的合同。

2. 税务处理

企业应纳税所得额税前扣除需要坚持确定性、权责发生制、相关性、配比和合理性原则，据此可以判断出：尽职调查费用、投标差旅费、内部销售人员佣金以及销售部门经理的年终奖（除国有企业限薪和明显不合理的之外）均可以税前扣除。

【例3-4】 根据甲公司的相关政策，销售部门的员工每取得一份新的合同，可以获得提成100元；现有合同每续约一次，员工可以获得提成60元。甲公司预期上述提成均能够收回。请分析以上业务在会计和税务处理上是否存在差异。

解析：

1. 会计处理

甲公司为取得新合同支付给员工的提成100元，属于为取得合同发生的增量成本，且预期能够收回，因此，应当确认为一项资产。同样，甲公司为现有合同续约支付给员工的提成60元，也属于为取得合同发生的增量成本，因为如果不发生合同续约，就不会支付相应的提成，而且该提成预期能够收回，因此甲公司应当在每次续约时将应支付的相关提成确认为一项资产。

假定除上述规定外，甲公司相关政策还规定，当合同变更时，如果客户在原合同的基础上，向甲公司支付额外的对价以购买额外的商品，则甲公司需根据该新增的合同金额向销售人员支付一定的提成。在这种情况下，无论相关合同变更属于新收入准则合同变更规定的哪一种情形，甲公司均应当将应支付的提成视为取得合同（变更后的合同）发生的增量成本进行会计处理。

2. 税务处理

《企业所得税法实施条例》第三十四条规定，工资薪金是纳税人每一年度支付给在本企业任职或与其有雇佣关系的员工的所有现金或非现金形式的劳动报酬，包括基本工资、奖金、津贴、年终加薪、加班工资，以及与任职或者受雇有关的其他支出。故销售佣金应当并入企业所得税工资薪金支出的扣除项中，即如果工资薪金实际支付时允许全额扣除，这将与会计确认的合同取得成本形成税会暂时性差异。如果工资薪金实际支出超出合理范围，则还应按差额部分进行纳税调整。

三、与合同履约成本和合同取得成本有关的资产的摊销和减值

1. 摊销

对于确认为资产的合同履约成本和合同取得成本，企业应当采用与该资产相关的商品收入确认相同的基础（即在履约义务履行的时点或按照履约义务的履约进度）进行摊销，计入当期损益。

2. 减值

（1）合同履约成本和合同取得成本的账面价值高于下列两项的差额的，超出部分应当计提减值准备，并确认为资产减值损失。

1）企业因转让与该资产相关的商品预期能够取得的剩余对价；

2）为转让该相关商品估计将要发生的成本。

资产减值损失＝账面价值－（预期能够取得的剩余对价－估计将要发生的成本）

（2）以前期间减值的因素之后发生变化，使得“企业因转让与

该资产相关的商品预期能够取得的剩余对价”减去“为转让该相关商品估计将要发生的成本”的差额高于该资产账面价值的，应当转回原已计提的资产减值准备，并计入当期损益，但转回后的资产账面价值不应超过假定不计提减值准备情况下该资产在转回日的账面价值。

总的来说，与合同履约和取得成本有关资产的摊销、减值思路如图 3－1 所示。

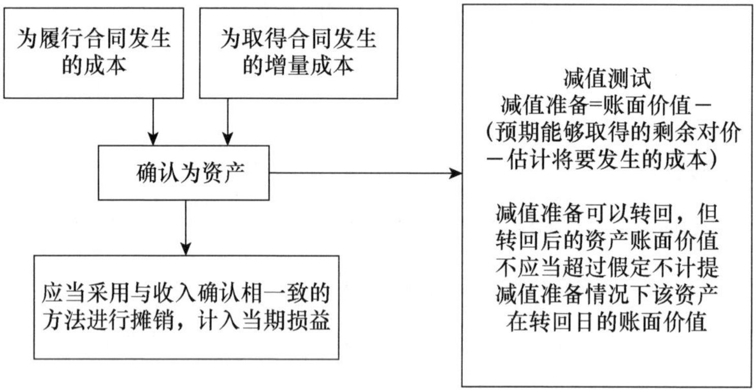

图 3－1　与合同履约和取得成本有关资产的摊销、减值思路

第四章/*Chapter Four*

特定交易的会计处理与税务处理

本章思维导图

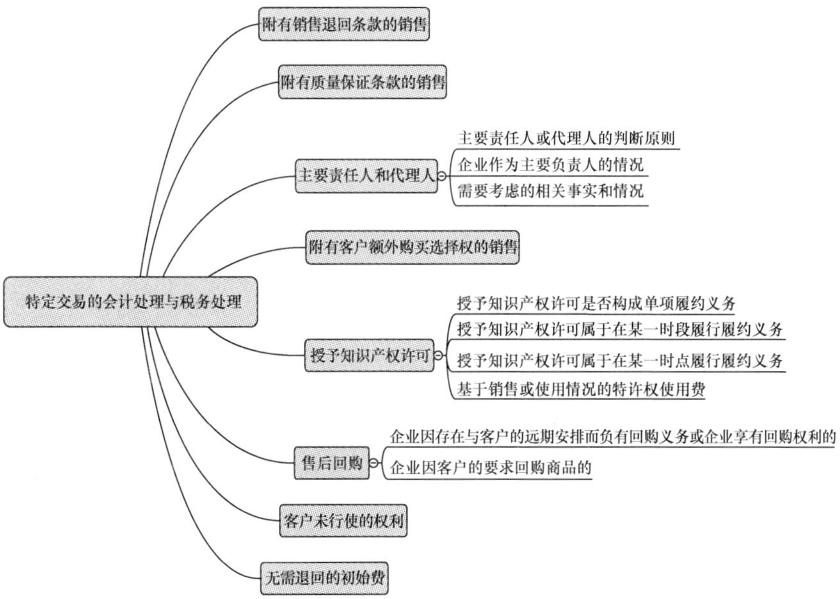

一、附有销售退回条款的销售

1. 会计处理

对于附有销售退回条款的销售，企业应当在客户取得相关商品控制权时，按照因向客户转让商品而预期有权收取的对价金额（即不包含预期因销售退回将退还的金额）确认收入，按照预期因销售退回将退还的金额确认负债。

同时，按照预期将退回商品转让时的账面价值，扣除收回该商品预计发生的成本（包括退回商品的价值减损）后的余额，确认一项资产；按照所转让商品转让时的账面价值，扣除上述资产成本的净额结转成本。

每一资产负债表日，企业应当重新估计未来销售退回情况，并对上述资产和负债进行重新计量。如有变化，应当作为会计估计变更进行会计处理。

2. 税务处理

对于附有销售退回条款的销售，《国家税务总局关于确认企业所得税收入若干问题的通知》（国税函〔2008〕875 号）规定，企业已经确认销售收入的售出商品发生销售折让和销售退回，应当在发生当期冲减当期销售商品收入。因此，税务处理上要求企业在商品销售时全部确认收入并全部结转成本，实际发生退货时冲减当期收入和成本。故在新收入准则下销售时将会形成税会差异。

【例 4－1】甲公司是一家健身器材销售公司。2×19 年 10 月 1 日，甲公司向乙公司销售 5 000 件健身器材，单位销售价格为 500 元，单位成本为 400 元，开出的增值税专用发票上注明的销售价格为 250 万元，增值税额为 32.5 万元。健身器材已经发出，但款项尚未收到。根据协议约定，乙公司应于 2×19 年 12 月 1 日之前支付货款，在 2×20 年 3 月 31 日之前有权退还健身器材。发出健身器材时，甲公司根据过去的经验，估计该批健身器材的退货率约为 20%；在 2×19 年 12 月 31 日，甲公司对退货率进行了重新评估，认为只有 10%的健身器材会被退回。2×20 年 3 月 31 日发生销售退回，实际退货量为 400 件。甲公司为增值税一般纳税人，健身器材发出时纳税义务已经发生，实际发生退货时按规定开具红字增值税专用发票。假定健身器材发出时控制权转移给乙公司。请分析以上业务在会计和税务处理上是否存在差异。

解析：

1. 会计处理

甲公司的会计账务处理如下：

(1) 2×19 年 10 月 1 日发出健身器材。

借：应收账款　　2 825 000

　贷：主营业务收入（5 000×500×80%）　　2 000 000

　　预计负债——应付退货款（5 000×500×20%）

　　　　500 000

应交税费——应交增值税（销项税额）（2 500 000×13%）

325 000

借：主营业务成本（5 000×400×80%） 1 600 000

应收退货成本（5 000×400×20%） 400 000

贷：库存商品（5 000×400） 2 000 000

（2）2×19 年 12 月 1 日前收到货款。

借：银行存款 2 825 000

贷：应收账款 2 825 000

（3）2×19 年 12 月 31 日，甲公司对退货率进行重新评估为 10%。

借：预计负债——应付退货款（5 000×500×10%） 250 000

贷：主营业务收入 250 000

借：主营业务成本（5 000×400×10%） 200 000

贷：应收退货成本 200 000

（4）2×20 年 3 月 31 日发生销售退回，实际退货量为 400 件，退货款项已经支付。

借：库存商品（400×400） 160 000

应交税费——应交增值税（销项税额）（400×500×13%）

26 000

预计负债——应付退货款（500 000－250 000） 250 000

贷：应收退货成本（与库存商品相同） 160 000

主营业务收入（100×500） 50 000

银行存款［400×500×（1＋13%）］ 226 000

借：主营业务成本（100×400）　　40 000

　贷：应收退货成本　　40 000

2. 税务处理

《国家税务总局关于确认企业所得税收入若干问题的通知》（国税函〔2008〕875号）规定，企业销售商品同时满足下列条件的，应确认收入的实现：一是销售合同已经签订，商品所有权相关的主要风险和报酬转移给购货方；二是对已售出的商品没有继续管理权和控制权；三是收入的金额能够可靠地计量；四是成本能够可靠地核算。企业因售出商品质量、品种不符合要求等原因而发生的退货属于销售退回。企业已经确认销售收入的售出商品发生销售折让和销售退回，应当在发生当期冲减当期销售商品收入。

因此，税法要求企业在商品销售时全部确认应纳税所得额，实际发生退货时冲减当期收入和成本，故销售时会形成税会差异。

若税法的做法用会计的语言表述，则甲公司的税务处理如下：

（1）2×19年10月1日发出健身器材。

借：应收账款　　2 825 000

　贷：主营业务收入　　2 500 000

　　　应交税费——应交增值税（销项税额）　　325 000

借：主营业务成本　　2 000 000

　贷：库存商品　　2 000 000

（2）2×19年12月1日前收到货款。

借：银行存款　　2 825 000

贷：应收账款 2 825 000

(3) 2×19 年 12 月 31 日，甲公司对退货率进行重新评估。不需要进行税务处理。

(4) 2×20 年 3 月 31 日发生销售退回，实际退货量为 400 件，退货款项已经支付。

借：主营业务收入 200 000

应交税费——应交增值税（销项税额） 26 000

贷：银行存款 226 000

借：库存商品 160 000

贷：主营业务成本 160 000

根据上述分析，有

2×19 年计入利润的金额 = 2 000 000 − 1 600 000 + 250 000 − 200 000

= 450 000（元）

2×19 年计入应纳税所得额的金额 = 2 500 000 − 2 000 000

= 500 000（元）

2×19 年的应纳税所得额应在会计利润的基础上调增 = 500 000 − 450 000

= 50 000（元）

2×20 年计入利润的金额 = 50 000 − 40 000

= 10 000（元）

2×20年计入应纳税所得额的金额 ＝－200 000＋160 000

＝－40 000（元）

2×20年的应纳税所得额应在会计利润的基础上调减 ＝－40 000－10 000

＝－50 000（元）

附有销售退回条款的销售，在客户要求退货时，如果企业有权向客户收取一定金额的退货费，则企业在估计预期有权收取的对价金额时，应将该退货费包括在内。

【例4－2】甲公司向家具店销售10张餐桌，每张餐桌的价格为1 000元，成本为750元。根据合同约定，家具店有权在收到餐桌的30天内退货，但是需要向甲公司支付10%的退货费（即每张餐桌的退货费为100元）。根据历史经验，甲公司预计退货率为10%，且退货过程中，预计为每张退货的餐桌发生的成本为50元。上述价格均不含增值税，假定不考虑相关税费影响。请分析以上业务在会计和税务处理上是否存在差异。

解析：

1. 会计处理

甲公司在将餐桌的控制权转移给家具店时的账务处理为：

借：应收账款（10×1000）　10 000

　贷：主营业务收入（9×1 000＋100）　9 100

　　预计负债——应付退货款（1×1 000－100）　900

借：主营业务成本（9×750+50）　　6 800

　　应收退货成本（1×750－50）　　700

　贷：库存商品（10×750）　　7 500

2. 税务处理

《国家税务总局关于确认企业所得税收入若干问题的通知》（国税函〔2008〕875号）规定，企业销售商品同时满足下列条件的，应确认收入的实现：一是销售合同已经签订，商品所有权相关的主要风险和报酬转移给购货方；二是对已售出的商品没有继续管理权和控制权；三是收入的金额能够可靠地计量；四是成本能够可靠地核算。企业因售出商品质量、品种不符合要求等原因而发生的退货属于销售退回。企业已经确认销售收入的售出商品发生销售折让和销售退回，应当在发生当期冲减当期销售商品收入。

因此，税法要求甲公司在商品销售时全部确认收入并全部结转成本，实际发生退货时冲减当期收入和成本，即税会处理存在差异。

【例4-3】乙公司与客户签订合同，向其销售A产品。客户在合同开始日即取得了A产品的控制权，并在90天内有权退货。由于A产品是最新推出的产品，乙公司尚无该产品退货率的历史数据，也没有其他可以参考的市场信息。该合同对价为12 100元，根据合同约定，客户应于合同开始日后的第二年年末付款。A产品在合同开始日的现销价格为10 000元。A产品的成本为8 000元。退货期满后，未发生退货。上述价格均不含增值税，假定不考虑相关税费影响。请分析以上业务在会计和税务处理上是否存在差异。

解析：

1. 会计处理

客户有退货权，因此，该合同的对价是可变的。由于乙公司缺乏有关退货情况的历史数据，考虑将可变对价计入交易价格的限制要求，在合同开始日不能将可变对价计入交易价格，因此，乙公司在 A 产品控制权转移时确认的收入为 0，其应当在退货期满后，根据实际退货情况，按照预期有权收取的对价金额确定交易价格。此外，考虑到 A 产品控制权转移与客户付款之间的时间间隔，以及该合同对价与 A 产品现销价格之间的差异等因素，乙公司认为该合同存在重大融资成分。乙公司的账务处理如下：

（1）在合同开始日，乙公司将 A 产品的控制权转移给客户。

借：应收退货成本	8 000	
贷：库存商品		8 000

（2）在 90 天的退货期内，乙公司尚未确认合同资产和应收款项，因此，无需确认重大融资成分的影响。

（3）退货期满日（假定应收款项在合同开始日和退货期满日的公允价值无重大差异）。

借：长期应收款	12 100	
贷：主营业务收入		10 000
未实现融资收益		2 100
借：主营业务成本	8 000	
贷：应收退货成本		8 000

在后续期间，乙公司应当考虑在剩余合同期限确定实际利率，将上述应收款项的金额与合同对价之间的差额（2 100 元）按照实际利率法进行摊销，确认相关的利息收入。此外，乙公司还应当按照金融工具相关会计准则评估上述应收款项是否发生减值，并进行相应的会计处理。

2. 税务处理

根据企业所得税法销售商品收入确认的四个条件（国税函〔2008〕875 号），乙公司应在合同开始日丧失 A 产品控制权时，按合同对价 12 100 元确认收入，同时按 8 000 元结转成本。退货期满后，若无退货就无需处理；若有退货，则冲减当期应税收入，同时冲减当期应税成本。由此可见，税会处理存在差异。

二、附有质量保证条款的销售

1. 会计处理

企业在向客户销售商品时，可能会为所销售的商品提供质量保证，其中，有一些质量保证是为了向客户保证所销售的商品符合既定标准，即保证类质量保证（三包服务）；而另一些质量保证则是在向客户保证所销售的商品符合既定标准之外提供了一项单独的服务，即服务类质量保证。

对于附有质量保证条款的销售，企业应当对其所提供的质量保证的性质进行分析，对于客户能够选择单独购买质量保证的，表明该质量保证构成单项履约义务；对于客户虽然不能选择单独购买质量保证，但该质量保证在向客户保证所销售的商品符合既定标准之外提供了一项单独服务的，也应当作为单项履约义务。作为单项履约义务的质量保证应当按新收入准则的规定进行会计处理，并将部分交易价格分摊至该项履约义务。对于不能作为单项履约义务的质量保证，企业应当按照或有事项的相关规定进行会计处理。

【特别提示】

上述规定可简记为：保证类——或有事项准则，服务类——单项履约义务。

图 4－1 展示了附有质量保证条款销售的会计处理逻辑。

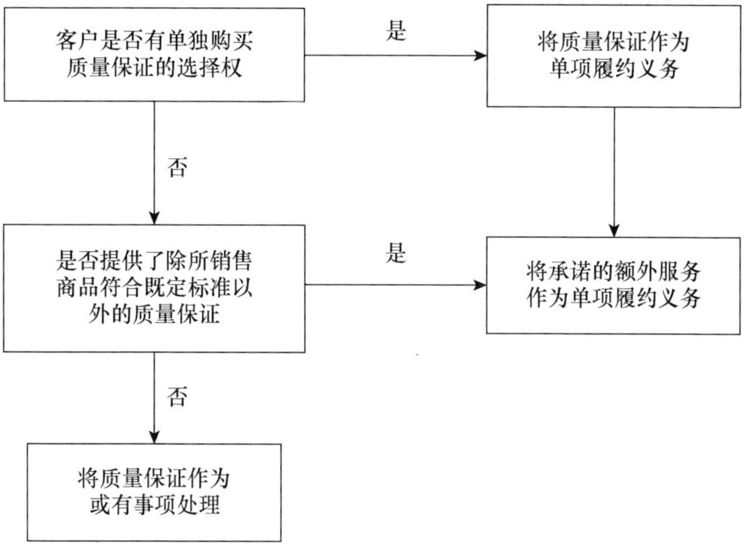

图 4－1　附有质量保证条款销售的会计处理逻辑

企业在评估一项质量保证是否在向客户保证所销售的商品符合既定标准之外提供了一项单独的服务时，应当考虑的因素包括：

（1）该质量保证是否为法定要求。当法律要求企业提供质量保证时，该法律规定通常表明企业承诺提供的质量保证不是单项履约义务。

（2）质量保证期限。企业提供质量保证的期限越长，越有可能表明企业向客户提供了保证商品符合既定标准之外的服务，因此，企业承诺提供的质量保证越有可能构成单项履约义务。

（3）企业承诺履行任务的性质。如果企业必须履行某些特定的任务以保证所销售的商品符合既定标准（例如，企业负责运输被客户退回的瑕疵商品），则这些特定的任务可能不构成单项履约义务。

【特别提示】

应当考虑的因素包括：质量保证是否法定要求/保证期限/是否必须履行。

2. 税务处理

对于附有质量保证条款的销售，企业所得税法不允许企业扣除按照历史经验与数据预提的因质量保证而发生的费用，只有在费用实际发生时，才准予扣除。因此，对于作为单项履约义务按照新收入准则规定确认的会计收入与应税收入并不会产生差异；对于不作为单项履约义务的质量保证类的销售，企业所得税全额确认收入，而会计上是需要根据历史经验与数据，计算并确认为预计负债，账面价值与计税基础之间产生的差异将会减少未来期间的应纳税所得额和应交企业所得税，形成可抵扣暂时性差异，需确认递延企业所得税资产。以后期间，根据实际发生的质量保证费用冲减“预计负债”与“递延所得税资产”金额。

【例 4－4】甲公司与客户签订合同，销售一部手机。该手机自售出起一年内如果发生质量问题，甲公司负责提供质量保证服务。此外，在此期间，由于客户使用不当（例如手机进水）等造成的产品故障，甲公司也免费提供维修服务。该维修服务不能单独购买。请分析以上业务在会计和税务处理上是否存在差异。

解析：

1. 会计处理

甲公司的承诺包括：销售手机、提供质量保证服务以及维修服务。

甲公司针对产品的质量问题提供的质量保证服务是为了向客户保证所销售商品符合既定标准，因此不构成单项履约义务。

甲公司对由于客户使用不当而导致的产品故障提供的免费维修服务，属于在向客户保证所销售商品符合既定标准之外提供的单独服务，尽管其没有单独销售，但该服务与手机可明确区分，应该作为单项履约义务。

因此，在该合同下，甲公司的履约义务有两项：销售手机和提供维修服务，甲公司应当按照两项履约义务各自单独售价的相对比例，将交易价格分摊至这两项履约义务，并在各项履约义务履行时分别确认收入。甲公司提供的质量保证服务，应当按照或有事项的规定进行会计处理。

2. 税务处理

对于作为单项履约义务的维修服务，按照新收入准则规定确认的会计收入与应税收入并不会产生实质性差异（若交易价格分摊时单独售价与公允价值不存在显著差异）。

对于不作为单项履约义务的质量保证服务，会计上则需要根据历史经验与数据，计提销售费用——产品质量保证，并确认为预计负债，待质量保证服务实际发生时，再予以冲减。但是税法不允许企业扣除按照历史经验与数据预提的因质量保证而发生的费用，只有在费用实际发生时才准予扣除。因此，会计上确认预计负债，账面价值与计税基础两者之间产生的差异将会减少未来期间的应纳税所得额和应交企业所得税，形成可抵扣暂时性差异，需确认递延企业所得税资产。以后期间，根据实际发生的质量保证费用冲减预计负债与递延企业所得税资产金额。

【例 4-5】A公司为一家精密仪器生产和销售企业。A公司与B公司签订一项精密仪器的销售合同，合同约定A公司向B公司销售一批精密仪器，售价为780万元。A公司承诺该批仪器售出后1年内如出现非意外事件造成的故障或质量问题，A公司免费负责维修（含零部件的更换），同时A公司还向B公司提供一项延保服务，即在法定保修期1年之外，延长保修期3年。该批精密仪器和延保服务的单独标价分别为700万元和80万元。A公司根据以往经验估计在法定保修期（1年）内将发生保修费用20万元。该批精密仪器的成本为500万元。合同签订当日，A公司将该批仪器交付B公司，同时B公司向A公司支付780万元价款。假定不考虑相关税费及货币时间价值因素。请分析以上业务在会计和税务处理上是否存在差异。

解析：

1. 会计处理

A公司的会计处理如下：

借：银行存款	7 800 000	
贷：主营业务收入		7 000 000
合同负债		800 000
借：主营业务成本	5 000 000	
贷：库存商品		5 000 000
借：销售费用	200 000	
贷：预计负债		200 000

A公司确认的延保服务收费80万元应当在延保期间根据延保服务进度确认为收入。

2. 税务处理

根据《企业所得税法实施条例》第二十三条第二款规定，企业受托加工制造大型机械设备、船舶、飞机，以及从事建筑、安装、装配工程业务或者提供其他劳务等，持续时间超过12个月的，按照纳税年度内完工进度或者完成的工作量确认收入的实现。本例中，精密仪器销售、延保服务收入确认方面税务与会计处理一致，无差异。但税法不允许企业扣除按照历史经验与数据预提保修费用，只有在费用实际发生时才准予扣除，故税会处理不一致，将形成税会暂时性差异，需确认递延企业所得税资产。以后期间，根据实际发生的质量保证费用冲减预计负债与递延企业所得税资产金额。

企业提供的质量保证同时包含保证类质量保证和服务类质量保证的，应分别对其进行会计处理；无法合理区分的，应将这两类质量保证一起作为单项履约义务进行会计处理。

【特别提示】

同时包括两类保证——分别处理；两类保证无法区分——合并作为单项履约义务。

三、主要责任人和代理人

当企业向客户销售商品涉及其他方参与其中时，企业应当确定其自身在该交易中的身份是主要责任人还是代理人。主要责任人应当按照已收或应收对价总额确认收入；代理人应当按照预期有权收取的佣金或手续费的金额确认收入。

【特别提示 1】

划分的原则：企业在特定商品转让给客户之前能否控制该商品？能够控制，则为主要责任人；不能控制，则为代理人。

【特别提示 2】

主要责任人——对价总额（总额法）；代理人——佣金或手续费（净额法）。

1. 主要责任人或代理人的判断原则

（1）企业应当根据其承诺的性质，也就是履约义务的性质，确定企业在某项交易中的身份是主要责任人还是代理人。企业承诺自行向客户提供特定商品的，其身份是主要责任人；企业承诺安排他人提供特定商品的，即为他人提供协助的，其身份是代理人。

【特别提示】

承诺自行提供商品——主要责任人。

在确定企业承诺的性质时，企业应当首先识别向客户提供的特定商品。这里的特定商品，是指向客户提供的可明确区分的商品或可明确区分的一揽子商品，根据新收入准则前述可明确区分的商品的内容，该特定的商品也包括享有由其他方提供的商品的权利。

（2）企业应当评估特定商品在转让给客户之前，企业是否控制该商品。企业在将特定商品转让给客户之前控制该商品的，表明企业的承诺是自行向客户提供该商品，或委托另一方（包括分包商）代其提供该商品，因此，企业为主要责任人；企业在特定商品转让给客户之前不控制该商品的，表明企业的承诺是安排他人向客户提供该商品，是为他人提供协助，因此，企业为代理人。

2. 企业作为主要责任人的情况

当存在第三方参与企业向客户提供商品时，企业向客户转让特定商品之前能够控制该商品的，应当作为主要责任人。

企业作为主要责任人的情形包括：

（1）企业自该第三方取得商品或其他资产控制权后，再转让给客户。这里的商品或其他资产也包括企业向客户转让的未来享有由其他方提供服务的权利。企业应当评估该权利在转让给客户前，企业是否控制该权利。

【特别提示】

零售业：出售商品前取得控制权——主要责任人。

淘宝：出售商品前没有取得控制权——代理人。

【例 4-6】甲公司是一家旅行社，从航空公司购买了一定数量的折扣机票并对外销售。甲公司向旅客销售机票时，可自行决定机票的价格，未售出的机票不能退还给航空公司。请分析以上业务在会计和税务处理上是否存在差异。

解析：

1. 会计处理

甲公司向客户提供的特定商品或服务为机票，该机票代表了客户可以乘坐特定航班（即享受航空公司提供的飞行服务）的权利。甲公司在确定特定客户之前已经预先从航空公司购买了机票，因此，该权利在转让给客户之前已经存在。甲公司从航空公司购入机票后，可以自行决定该机票的用途，即是否用于对外销售、以何等价格以及向哪些客户销售等，甲公司有能力主导该机票的使用并且能够获得其几乎全部的经济利益。

因此，甲公司在将机票销售给客户之前，能够控制该机票，甲公司在向旅客销售机票的交易中的身份是主要责任人。

2. 税务处理

从企业所得税角度来看，认可甲公司在向旅客销售机票的交易中的身份是主要责任人。

【例 4－7】甲公司经营某购物网站，在该网站购物的消费者可以明确获知在该网站上销售的商品均为其他零售商直接销售的商品，这些零售商负责发货以及售后服务等。甲公司与零售商签订的合同约定，该网站所售商品的采购、定价、发货以及售后服务等均由零售商自行负责，甲公司仅负责协助零售商和消费者结算货款，并按照每笔交易的实际销售额收取5%的佣金。请分析以上业务在会计和税务处理上是否存在差异。

解析：

1. 会计处理

甲公司经营的购物网站是一个购物平台，零售商可以在该平台发布所销售商品信息，消费者可以从该平台购买零售商销售的商品。消费者在该网站购物时，向其提供的特定商品为零售商在网站上销售的商品，除此之外，甲公司并未提供任何其他商品。

这些特定商品在转移给消费者之前，甲公司没有能力主导这些商品的使用，例如，甲公司不能将这些商品提供给购买该商品的消费者之外的其他方，也不能阻止零售商向该消费者转移这些商品，甲公司并未控制这些商品，甲公司的履约义务是安排零售商向消费者提供相关商品，而非自行提供这些商品，因此甲公司在该交易中的身份是代理人。

2. 税务处理

甲公司属于提供服务取得佣金收入的企业，税法上认可甲公司在该交易中的身份是代理人。

【例 4-8】甲公司经营一家电商平台，平台商家自行负责商品的采购、定价、发货以及售后服务。甲公司仅提供平台供商家与消费者进行交易并负责协助商家和消费者结算货款。甲公司按照货款的5%向商家收取佣金，并判断自己在商品买卖交易中是代理人。2×18年，甲公司向平台的消费者销售了1 000张不可退的电子购物卡，每张卡的面值为200元，总额为20万元。假设不考虑相关税费的影响。请分析以上业务在会计和税务处理上是否存在差异。

解析：

1. 会计处理

考虑到甲公司在商品买卖交易中为代理人，仅为商家和消费者提供平台及结算服务，并收取佣金，因此，甲公司销售电子购物卡收取的款项 20 万元中，仅佣金部分 1 万元（20×5%，不考虑相关税费）代表甲公司已收客户（商家）对价而应在未来消费者消费时作为代理人向商家提供代理服务的义务，应当确认为合同负债。对于其余部分（即 19 万元），为甲公司代商家收取的款项，作为其他应付款，待未来消费者消费时支付给相应的商家。

借：银行存款	200 000
贷：合同负债	10 000
其他应付款	190 000

2. 税务处理

按照企业所得税的一般原则，税法认可上述会计处理，甲公司向平台消费者销售 20 万元的电子购物卡，并不满足国税函〔2008〕875 号收入确认的条件。当消费者消费电子购物卡时，再按照实际收取的 5%手续费确认收入，同时扣除相关成本。

（2）企业能够主导第三方代表本企业向客户提供服务。当企业承诺向客户提供服务，并委托第三方（例如分包商、其他服务提供商等）代表企业向客户提供服务时，如果企业能够主导该第三方代表本企业向客户提供服务，则表明企业在相关服务提供给客户之前能够控制该相关服务。

【例 4-9】中信集团大力发展工程承包业务，在亚洲、非洲、拉丁美洲的多个国家和地区承建了一系列重要工程项目，涉及冶金、化工、电力、有色金属、基础设施、社会住房等。请问中信集团从国外取得工程总承包合同，分包商（甲公司）取得分包工程，去国外销售商品（做工程建设），中信集团是主要责任人吗？

解析：

中信集团是主要责任人，因为中信集团能够主导第三方（甲公司）代表本企业向客户提供服务。

【例 4-10】甲公司与乙公司签订合同，为乙公司的写字楼提供保洁服务，并商定了服务范围及其价格。甲公司每月按照约定的价格向乙公司开具发票，乙公司按照约定的日期向甲公司付款。双方签订合同后，甲公司委托服务提供商丙公司代表其为乙公司提供该保洁服务，并与丙公司签订了合同。甲公司和丙公司商定了服务价格，双方签订的合同付款条款大致与甲公司和乙公司约定的付款条款一致。当丙公司按照与甲公司的合同约定提供了服务时，无论乙公司是否向甲公司付款，甲公司都必须向丙公司付款。乙公司无权主导丙公司提供未经甲公司同意的服务。请分析以上业务在会计和税务处理上是否存在差异。

解析：

1. 会计处理

甲公司向乙公司提供的特定服务是写字楼的保洁服务，除此之外，甲公司并没有向乙公司承诺其他任何商品。根据甲公司与丙公司签订的合同，甲公司能够主导丙公司所提供的服务，包括要求丙公司代表甲公司向乙公司提供保洁服务，相当于甲公司利用其自身资源履行了该合同。乙公司无权主导丙公司提供未经甲公司同意的服务。因此，甲公司在丙公司向乙公司提供保洁服务之前控制了该服务，甲公司在该交易中的身份为主要责任人。

2. 税务处理

根据企业所得税法的立法精神，本例中认可会计处理，两者之间无差异。甲公司属于提供服务取得收入的主要责任人。

（3）企业自第三方取得商品控制权后，通过提供重大的服务将该商品与其他商品整合成合同约定的某组合产出转让给客户。此时，企业承诺提供的特定商品就是合同约定的组合产出。企业只有获得为生产该特定商品所需要的投入（包括从第三方取得的商品）的控制权，才能将这些投入加工整合为合同约定的组合产出。例如，计算机房的建设、系统集成等。

【例 4-11】甲公司与乙公司签订合同，向其销售一台特种设备，并商定了该设备的具体规格和销售价格，甲公司负责按照约定的规格设计该设备，并按双方商定的销售价格向乙公司开具发票。该特种设备的设计和制造高度相关。为履行该合同，甲公司与其供应商丙公司签订合同，委托丙公司按照其设计方案制造该设备，并安排丙公司直接向乙公司交付设备。丙公司将设备交付给乙公司后，甲公司按与丙公司约定的价格向丙公司支付制造设备的对价；丙公司负责设备质量问题，甲公司负责设备由于设计原因引致的问题。请分析以上业务在会计和税务处理上是否存在差异。

解析：

1. 会计处理

甲公司向乙公司提供的特定商品是其设计的专用设备。虽然甲公司将设备的制造工作分包给丙公司进行，但是甲公司认为该设备的设计和制造高度相关，不能明确区分，应当作为单项履约义务。

由于甲公司负责该合同的整体管理，如果在设备制造过程中发现需要对设备规格作出任何调整，甲公司需要负责制定相关的修订方案，通知丙公司进行相关调整，并确保任何调整均符合修订后的规格要求。

甲公司主导了丙公司的制造服务，并通过必需的重大整合服务，将其整合作为向乙公司转让的组合产出（专用设备）的一部分，在该专用设备转让给客户前控制了该专用设备。因此，甲公司在该交易中的身份为主要责任人。

2. 税务处理

上述分析与企业所得税法理念保持一致，两者之间无差异。甲公司属于该交易中处于主导地位的主要责任人。

3. 需要考虑的相关事实和情况

实务中，企业在判断其在向客户转让特定商品之前是否已经拥有对该商品的控制权时，不应仅局限于合同的法律形式，而应当综合考虑所有相关事实和情况进行判断，这些事实和情况包括但不限于以下三点：

（1）企业承担向客户转让商品的主要责任，即验收风险。企业在评估是否承担向客户转让商品的主要责任时，应当从客户角度进行评估，即客户认为哪一方承担了主要责任。例如客户认为谁对商品的质量或性能负责、谁负责提供售后服务、谁负责解决客户投诉等。

（2）企业在转让商品之前或之后承担了该商品的存货风险。当企业在与客户订立合同之前已经购买或者承诺将自行购买特定商品时，这可能表明企业在将该特定商品转让给客户之前，承担了该特定商品的存货风险，企业有能力主导特定商品的使用并从中取得几乎全部的经济利益。在附有销售退回条款的销售中，企业将商品销售给客户之后，客户有权要求向该企业退货，这可能表明企业在转让商品之后仍然承担了该商品的存货风险。

【特别提示】

第三方A公司—甲公司—客户B公司。如果甲公司承担了该特定商品的存货风险，说明甲公司是主要责任人。

（3）企业有权自主决定所交易商品的价格，即价格风险。企业有权决定与客户交易的特定商品的价格，可能表明企业有能力主导该商品的使用并从中获得几乎全部的经济利益。

【特别提示】

凡承担验收风险、存货风险和价格风险其中之一者，一定是主要责任人。

需要强调的是，企业在判断其是主要责任人还是代理人时，应当以该企业在特定商品转让给客户之前是否能够控制这些商品为原则。

四、附有客户额外购买选择权的销售

1. 会计处理

企业向客户授予的额外购买选择权的形式包括销售激励、客户奖励积分、未来购买商品的折扣券以及合同续约选择权等。

对于附有客户额外购买选择权的销售，企业应当评估该选择权是否向客户提供了一项重大权利。

【特别提示】

该选择权不是“忽悠”的，是向客户提供了一项实质性权利。

【例 4 - 12】郭老师到中国人民大学出版社明德书店购买图书，请分不同情形分析郭老师的购买行为是“忽悠”的还是一项实质性权利。

解析：

情形一：郭老师和其他客户一样，均享受购书八折优惠，则该选择权是“忽悠”的。

情形二：郭老师购买自己编写的书，五折优惠；其他客户购买，八折优惠，则该选择权对于郭老师来说是一项实质性权利，不是“忽悠”的。

如果客户只有在订立了一项合同的前提下才取得了额外购买选择权，并且客户行使该选择权购买额外商品时能够享受到超过该地区或该市场中其他同类客户所能享有的折扣，则通常认为该选择权向客户提供了一项重大权利。

【特别提示】

额外购买选择权属于重大权利的条件：订立合同＋超过其他同类客户折扣。

该选择权向客户提供了重大权利的，应当作为单项履约义务。

在这种情况下，客户在该合同下支付的价款实际上购买了两项单独的商品：一是客户在该合同下原本购买的商品；二是客户可以免费或者以折扣价格购买额外商品的权利。企业应当将交易价格在这两项商品之间进行分摊，其中，分摊至后者的交易价格与未来的商品相关，因此，企业应当在客户未来行使该选择权取得相关商品的控制权时，或者在该选择权失效时，确认为收入。在考虑授予客户的该项权利是否重大时，应根据其金额和性质综合判断。

【特别提示1】

订立合同取得额外购买选择权，支付的价款包含两项单独商品：原购买的商品＋优惠购买权利。

【特别提示2】

重大权利从“金额＋性质”去评价。

【例4－13】甲企业实施一项奖励积分计划，客户每消费10元便可获得1个积分，每个积分的单独售价为0.1元，该积分可累积使用，用于换取甲企业销售的产品，客户通常能够累积足够的积分来免费换取产品。请问这是否属于提供了重大权利？

解析：

属于。因为该选择权不是“忽悠”的，这可能表明该积分向客户提供了重大权利。

当客户享有的额外购买选择权是一项重大权利时，如果客户行使该权利购买的额外商品与原合同下购买的商品类似，且企业将按照原合同条款提供该额外商品，则企业可以无需估计该选择权的单独售价，而是直接把其预计将提供的额外商品的数量以及预计将收取的相应对价金额纳入原合同，并进行相应的会计处理。这是一种便于实务操作的简化处理方式，常见于企业向客户提供续约选择权的情况。

【特别提示】

简化处理条件：客户重大权利——客户行权购买与原合同类似商品＋企业按原合同供货。

当企业向客户提供了额外购买选择权，但客户行使该选择权购买商品的价格反映了该商品的单独售价时，即使客户只能通过与企业订立特定合同才能获得该选择权，该选择权也不应视为企业向该客户提供了一项重大权利。

【特别提示】

额外购买选择权＋价格反映单独售价，不属于重大权利。

【例 4-14】 A 电信公司与客户签订合同，以套餐的方式向客户销售一部手机和两年的通信服务，包括每月 200 分钟的语音服务和 4GB 的数据流量，并按月收取固定费用；同时，客户可以根据需要，在任何月份按照约定的价格购买额外的语音服务和数据流量。约定的价格与其他客户单独购买语音服务和数据流量时的价格相同，请问这是否属于提供了重大权利？

解析：

不属于。如果该约定的价格与其他客户单独购买语音服务和数据流量时的价格相同，则表明 A 电信公司向客户提供的该额外购买选择权并不构成一项重大权利，A电信公司无需分摊交易价格，只有在客户行使选择权购买额外的商品时才需要进行相应的会计处理。

企业提供的额外购买选择权构成单项履约义务的，企业应当按照交易价格分摊的相关原则，将交易价格分摊至该履约义务。

客户额外购买选择权的单独售价无法直接观察的，企业应当综合考虑客户行使和不行使该选择权所能获得的折扣的差异以及客户行使该选择权的可能性等全部相关信息后，予以合理估计。

2. 税务处理

企业所得税上不认可额外购买选择权分摊交易价格的情形，将按照额外购买选择权实际发生时确认销售收入，不予以分摊调整，这会形成暂时性税会差异。

【例4-15】 2×18年1月1日，甲公司开始推行一项奖励积分计划。根据该计划，客户在甲公司每消费10元可获得1个积分，每个积分从次月开始在购物时可抵减1元。截至2×18年1月31日，客户共消费100 000元，可获得10 000个积分。根据历史经验，甲公司估计该积分的兑换率为95%。上述金额均不含增值税，且假定不考虑相关税费影响。请分析以上业务在会计和税务处理上是否存在差异。

解析：

1. 会计处理

本例中，甲公司认为其授予客户的积分为客户提供了一项重大权利，应当作为单项履约义务。客户购买商品的单独售价合计为100 000元，考虑积分的兑换率，甲公司估计积分的单独售价为9 500元（1×10 000×95%）。甲公司按照商品和积分单独售价的相对比例对交易价格进行分摊。

商品分摊的交易价格＝[100 000÷(100 000＋9 500)]×100 000＝91 324(元)

积分分摊的交易价格＝[9 500÷(100 000＋9 500)]×100 000＝8 676(元)

因此，甲公司应当在商品的控制权转移时确认收入91 324元，同时，确认合同负债8 676元。

截至2×18年12月31日，客户共兑换了4 500个积分，甲公司对该积分的兑换率进行了重新估计，仍然预计客户将会兑换的积分总数为9 500个。因此，甲公司以客户兑换的积分数占预期将兑换的积分总数的比例为基础确认收入。积分当年应当确认的收入为4 110元（4 500÷9 500×8 676）；剩余未兑换的积分为4 566元（8 676－4 110），仍然作为合同负债。

截至2×19年12月31日，客户累计兑换了8 500个积分。甲公司对该积分的兑换率进行了重新估计，预计客户将会兑换的积分总数为9 700个。积分当年应当确认的收入为3 493元（8 500÷9 700×8 676－4 110）；剩余未兑换的积分为1 073元（8 676－4 110－3 493），仍然作为合同负债。

2. 税务处理

税法不认可额外购买选择权分期确认收入方法。对于奖励积分计划，客户实际消费时，甲公司应按实际销售额确认收入，这样税会处理存在差异。对于获得的积分未来行权兑换时，可以将其视为商业折扣予以扣除，即客户未来兑换积分时，税法认可甲公司 1 个积分抵减 1 元的处理方式，税务处理与会计处理保持一致。

2×18 年 1 月 31 日会计确认收入 91 324 元，企业所得税上应全额确认收入 100 000 元，故形成税会差异 8 676 元（100 000－91 324）。2×18年 12 月 31 日，会计上再次确认收入 4 110 元，企业所得税 1 月 31 日时已全额确认收入，不再补充确认，形成税会差异 4 110 元。2018 年度，会计上确认收入 95 434 元（91 324＋4 110），税法上确认收入 100 000 元，应在会计利润基础上纳税调增 4 566 元（100 000－95 434）。

2×19 年 12 月 31 日，企业所得税之前年度已全额确认收入，不再补充确认；会计上再次确认 3 493 元收入，形成税会差异 3 493 元，应在会计利润基础上纳税调减 3 493 元。

【例 4-16】 2×18 年 1 月 1 日，甲公司与 100 位客户签订为期一年的服务合同，每份合同的价格均为 10 000 元，并在当日全额支付了款项。该项服务是甲公司推出的一项新业务。为推广该业务，合同约定，客户有权在 2×18 年年末选择以同样的价格续约一年并立即支付 10 000 元；选择在 2×18 年年末续约的客户还有权在 2×19 年年末选择以同样的价格再续约一年并立即支付 10 000 元。甲公司在2×19年和2×20年将对该项服务的价格分别提高至每年30 000元和50 000元。2×18年年末及其后，没有续约但之后又向甲公司购买该项服务的客户以及新客户都将适用当年涨价后的价格。假定甲公司提供该服务属于在一段时间内履行的履约义务，并按照成本法确定履约进度。上述金额均不含增值税。

合同开始日即2×18年1月1日，甲公司估计有90%的客户（即90位客户）会在2×18年年末选择续约，其中又有90%的客户（即81位客户）会在2×19年年末再次选择续约。2×18年至2×20年的合同预计成本分别为6 000元、7 500元和10 000元。请分析以上业务在会计和税务处理上是否存在差异。

解析：

1. 会计处理

只有签订了合同的客户才有权选择续约，且客户行使该续约权利时所能享受的价格远低于该项服务当时的市场价格，因此，甲公司认为该续约选择权向客户提供了重大权利，且符合简化处理的条件，即甲公司无需估计该续约选择权的单独售价，而是直接把其预计将提供的额外服务以及预计将收取的相应对价金额纳入原合同，进行会计处理。

在合同开始日，甲公司根据其对客户续约选择权的估计，预计每份合同的交易价格为27 100元（10 000＋10 000×90%＋10 000×81%），每份合同各年应分摊的交易价格如表4-1所示。

表 4-1 金额单位：元

年度	预计成本	考虑续约可能性调整后的成本	分摊的交易价格
2×18	6 000	6 000(6 000×100%)	7 799[6 000÷20 850×27 100]
2×19	7 500	6 750(7 500×90%)	8 773[6 750÷20 850×27 100]
2×20	10 000	8 100(10 000×81%)	10 528[8 100÷20 850×27 100]
合计	23 500	20 850	27 100

假定客户实际选择续约的情况与甲公司的估计一致，则甲公司在各年收款、确认收入以及年末合同负债的情况如表 4-2 所示。

表 4-2 金额单位：元

年度	收款	确认收入	合同负债
2×18	1 900 000	779 900	1 120 100
2×19	810 000	877 300	1 052 800
2×20	—	1 052 800	—
合计	2 710 000	2 710 000	

如果客户实际选择续约的情况与甲公司的估计不一致，则甲公司需要根据实际情况对于交易价格、履约进度以及各年确认的收入进行相应调整。

2. 税务处理

税法不认可额外购买选择权的分期确认收入方法。本例中，应按权责发生制确认销售收入，不予以分摊调整，将会形成税会差异。具体而言，2×18 年度应确认提供服务收入 1 000 000 元（10 000×100）；2×19 年度若实际选择续约与估计 90%保持一致，则应确认收入900 000 元（10 000×90）；2×20 年度若实际选择续约与估计 81%保持一致，则应确认收入 810 000 元（10 000×81）。值得注意的是，建议税务部门不按“价格明显偏低且无正当理由”，将2×19年和2×20年每份合同提供服务的收入金额分别定为30 000元和50 000元。我们认为，本例中，该项服务属于甲公司推出的新服务，为推广新服务给予客户额外购买选择权，实际上就是促销，属于“正当理由”。

【例4－17】甲公司签订合同，以100元的价格销售产品A，并且在合同中约定，如果客户在未来30天内额外购买任何产品，在限额100元的范围内，可以享受6折优惠。此外，作为其季度促销的一部分，甲公司打算在未来30天内对所有销售实行9折优惠。取得6折优惠的客户不能同时享受9折优惠。未来30天，所有客户都可以享受9折优惠。假定甲公司估计客户兑现折扣券的可能性为80%，且每位客户将平均购买50元的额外产品。上述金额均不含增值税。请分析以上业务在会计和税务处理上是否存在差异。

解析：

1. 会计处理

折扣券的单独售价＝50×增量折扣30%①×80%＝12(元)

分摊后的交易价格为：

产品A＝100÷112×100＝89.29(元)

折扣券＝12÷112×100＝10.71(元)

---

① 即9折优惠减6折优惠。

借：银行存款　　100

　贷：主营业务收入　　89.29

　　　合同负债　　10.71

2. 税务处理

税法不认可额外购买选择权的确认方法，应按照权责发生制确认销售产品收入，不予以分摊调整，将会形成税会差异。本例中，应确认销售 A 产品收入 100 元，税会处理存在差异；未来折扣券兑现时，作为商业折扣处理，认可会计处理，税会处理无差异。

五、授予知识产权许可

1. 会计处理

授予知识产权许可，是指企业授予客户对企业拥有的知识产权享有相应权利。常见的知识产权包括软件和技术、影视和音乐等的版权，特许经营权，以及专利权、商标权和其他版权等。其会计处理可以归纳如下：

（1）授予知识产权许可不构成单项履约义务的，将该知识产权许可和所售商品一起作为单项履约义务处理；构成单项履约义务的，则应分摊交易价格。

（2）授予知识产权许可构成单项履约义务，且同时满足“从事重大影响的活动、该活动对企业产生影响、该活动不会向客户转让商品”三项条件的，按履约进度确认收入；否则，在履行履约义务时确认收入。

2. 税务处理

税法中，有关授予知识产权许可涉及特许权使用费收入和特许权费。《企业所得税法》第六条第（七）项规定，特许权使用费收入，是指企业提供专利权、非专利技术、商标权、著作权以及其他特许权的使用权取得的收入。特许权使用费收入，按照合同约定的特许权使用人应付特许权使用费的日期确认收入的实现。值得注意的是，国税函〔2008〕875 号第二条第四款规定，属于提供设备和其他有形资产的特许权费，在交付资产或转移资产所有权时确认收入；属于提供初始及后续服务的特许权费，在提供服务时确认收入。

税法中并未解释特许权费。公开资料显示：特许权费，可以理解为特许经营某种商品或服务收取的费用，例如奥运特许商品，收取特许权费，特许经营商按照销售额的一定比例向奥组委支付特许权费。特许权费的比例一般为商品零售价的 5%～15%。

新收入准则规定，授予知识产权许可，是指企业授予客户对企业拥有的知识产权享有相应权利。常见的知识产权包括软件和技术、影视和音乐等的版权，特许经营权以及专利权、商标权和其他版权等。从这里可以看出，软件和技术、影视和音乐等的版权，专利权，商标权和其他版权，属于特许权使用费范畴，特许经营权属于特许权费范畴。

（1）评估授予知识产权许可是否构成单项履约义务。企业向客户授予知识产权许可时，可能也会同时销售商品，这些承诺可能在合同中明确约定，也可能隐含于企业已公开宣布的政策、特定声明或者企业以往的习惯做法中。在这种情况下，企业应当评估授予客户的知识产权许可是否可与所售商品明确区分，即评估该知识产权许可是否构成单项履约义务，并进行相应的会计处理。

授予客户的知识产权许可不构成单项履约义务的，企业应当将该知识产权许可和所售商品一起作为单项履约义务进行会计处理。

知识产权许可与所售商品不可明确区分的情形包括：

一是该知识产权许可构成有形商品的组成部分并且对于该商品的正常使用不可或缺。例如，企业向客户销售设备和相关软件，该软件内嵌于设备之中，该设备必须安装了该软件之后才能正常使用。

二是客户只有将该知识产权许可和相关服务一起使用才能够从中获益。例如，客户取得授权许可，但是只有通过企业提供的在线服务才能访问相关内容。

【特别提示】

不可明确区分的情形：知识产权许可构成商品组成部分且不可或缺；知识产权许可和相关服务须一起使用。

【例 4-18】甲生物制药公司将其拥有的某合成药的专利权许可证授予乙公司，授权期限为 10 年。同时，甲公司承诺为乙公司生产该种药品。除此之外，甲公司不会从事任何与支持该药品相关的活动。请分析以上业务在会计和税务处理上是否存在差异。

解析：

1. 会计处理

假定一：药品的生产流程特殊性极高，没有其他公司能够生产该药品，则是一项单项履约义务。理由如下：甲公司向乙公司授予专利权许可，并为其提供生产服务。由于市场上没有其他公司能够生产该药品，客户将无法从该专利权许可中单独获益，因此，该专利权许可和生产服务不可明确区分，应当将两者一起作为单项履约义务进行会计处理。

假定二：该药品的生产流程特殊性不高，其他公司也能够生产该药品，则是两项单项履约义务。理由如下：该专利权许可和生产服务可明确区分，应当各自分别作为单项履约义务进行会计处理。

2. 税务处理

《企业所得税法》第六条第（七）项规定，所称特许权使用费收入，是指企业提供专利权、非专利技术、商标权、著作权以及其他特许权的使用权取得的收入。特许权使用费收入，按照合同约定的特许权使用人应付特许权使用费的日期确认收入的实现。甲公司向乙公司授予专利权许可收取价款，属于特许权使用费收入。若甲、乙公司之间签订的合同里明确了合同价款，则甲公司应按合同约定的付款日期确认收入的实现。甲公司承诺为乙公司生产该种药品暂不需要进行税务处理，等实际发生生产业务并销售给乙公司时，按销售货物确认收入。即税会之间的处理存在差异。

（2）授予知识产权许可属于在某一时段履行履约义务。授予客户的知识产权许可构成单项履约义务的，企业应当根据该履约义务的性质，进一步确定其是在某一时段内履行还是在某一时点履行。企业向客户授予的知识产权许可，同时满足下列三项条件的，应当作为在某一时段内履行的履约义务确认相关收入；否则，应当作为在某一时点履行的履约义务确认相关收入。

【特别提示】

三项条件可简记为：从事重大影响的活动＋该活动对企业产生影响＋该活动不会向客户转让商品。

1）合同要求或客户能够合理预期企业将从事对该项知识产权有重大影响的活动。企业从事的活动存在下列情况之一的，将会对该项知识产权有重大影响：

一是这些活动预期将显著改变该项知识产权的形式或者功能。

二是客户从该项知识产权中获益的能力在很大程度上来源于或者取决于这些活动，即这些活动会改变该项知识产权的价值。例如企业授权客户使用其品牌，客户从该品牌获得的利益价值取决于企业为维护或提升其品牌价值而持续从事的活动。

【特别提示】

对知识产权产生重大影响的情形：这些活动显著改变知识产权的形式或功能，客户从知识产权中获益来源于这些活动。

2）该活动对客户将产生有利或不利影响。

3）该活动不会导致向客户转让某项商品。企业向客户授予知识产权许可，并承诺从事与该许可相关的某些后续活动时，如果这些活动本身构成了单项履约义务，那么企业在评估授予知识产权许可是否属于在某一时段履行的履约义务时应当不予考虑。

【例 4-19】甲公司为一家生产篮球的企业，假定甲公司与姚明签订冠名合同。请判断此为某一时段内履行的履约义务还是某一时点履行的履约义务。

解析：

甲公司与姚明签订冠名合同，姚明参加篮球运动和相关重大活动，对于篮球销量会产生有利影响，故判断为某一时段内履行的履约义务。

【例 4-20】甲公司是一家设计制作连环画的公司，乙公司是一家大型游轮运营商。甲公司授权乙公司可在 4 年内使用其 3 部连环画中的角色形象和名称，乙公司可以以不同的方式（例如，展览或演出）使用这些漫画中的角色。甲公司的每部连环画都有相应的主要角色，并会定期创造新的角色，角色的形象也会随时演变。合同要求乙公司必须使用最新的角色形象。在授权期内，甲公司每年向乙公司收取 1 000 万元。请分析以上业务在会计和税务处理上是否存在差异。

解析：

1. 会计处理

甲公司除了授予知识产权许可外不存在其他履约义务。也就是说，与知识产权许可相关的额外活动并未向客户提供其他商品，因为这些活动是企业授予知识产权许可承诺的一部分，且实际上改变了客户享有知识产权许可的内容。甲公司基于下列因素的考虑，认为该许可的相关收入应当在某一时段内确认。

一是乙公司合理预期（根据甲公司以往的习惯做法），甲公司将实施对该知识产权许可产生重大影响的活动，包括创作角色及出版包含这些角色的连环画等。

二是合同要求乙公司必须使用甲公司创作的最新角色，这些角色塑造得成功与否，会直接对乙公司产生有利或不利影响。

三是尽管乙公司可以通过该知识产权许可从这些活动中获益，但在这些活动发生时并没有导致向乙公司转让任何商品。

由于合同规定乙公司在一段固定期内可无限制地使用其取得授权许可的角色。

因此，甲公司按照时间进度确定履约进度。

2. 税务处理

授予知识产权许可的是连环画中的角色形象和名称，这属于著作权、版权范畴，应按特许权使用费适用税法规定。《企业所得税法》规定，特许权使用费收入，按照合同约定的特许权使用人应付特许权使用费的日期确认收入的实现。甲公司在授权期内每年向乙公司收取1 000 万元，说明甲公司每年要确认特许权使用费收入1 000 万元。即会计上按履约进度确认收入，税法上按合同约定的付款日期确认收入。两者确认收入的理念存在差异，但本例中，税会处理的结果保持一致。

（3）授予知识产权许可属于在某一时点履行履约义务。授予知识产权许可不属于在某一时段内履行的履约义务的，应当作为在某一时点履行的履约义务，在履行该履约义务时确认收入。

在客户能够使用某项知识产权许可并开始从中获利之前，企业不能对此类知识产权许可确认收入。例如，企业授权客户在一定期间使用软件，但是在企业向客户提供该软件的密钥之前，客户都无法使用该软件，因此在企业向客户提供该密钥之前，客户虽然已经得到授权，但企业也不应确认收入。

值得注意的是，在判断某项知识产权许可是属于在某一时段内履行的履约义务还是在某一时点履行的履约义务时，企业不应考虑下列因素：

一是该许可在时间、地域、排他性以及相关知识产权消耗和使用方面的限制；

二是企业就其拥有的知识产权的有效性以及防止未经授权使用该知识产权许可所提供的保证。

【例 4-21】甲音乐唱片公司将其拥有的一首经典民歌的版权授予乙公司，并约定乙公司在两年内有权在国内所有商业渠道（包括电视、广播和网络广告等）使用该经典民歌。因提供该版权许可，甲公司每月收取 1 000 元的固定对价。除该版权之外，甲公司无需提供任何其他商品，而且该合同不可撤销。请分析以上业务在会计和税务处理上是否存在差异。

解析：

1. 会计处理

甲公司除了授予该版权许可外不存在其他履约义务。甲公司并无任何义务从事改变该版权的后续活动，该版权也具有重大的独立功能（即民歌的录音可直接用于播放）；乙公司主要通过该重大独立功能获利，而非甲公司的后续活动。

因此，合同未要求甲公司从事对该版权许可有重大影响的活动，乙公司对此也没有形成合理预期，甲公司授予该版权许可属于在某一时点履行的履约义务，应在乙公司能够主导该版权的使用并从中获得几乎全部经济利益时，全额确认收入，是一次性确认收入。

此外，由于甲公司履约的时间与客户付款时间（两年内每月支付）之间间隔较长，甲公司需要判断该项合同中是否存在重大的融资成分，并进行相应的会计处理。若不存在重大融资成分，则在乙公司能够主导该版权的使用并从中获得几乎全部经济利益时，甲公司才全额确认收入 24 000 元（1 000×2×12）。

2. 税务处理

甲音乐唱片公司将其拥有的一首经典民歌的版权授予乙公司，这属于税法上的特许权使用。甲公司对于特许权使用费收入应按合同约定的付款日期确认收入的实现，不需要考虑合同中是否存在重大融资成分。甲公司每月收取 1 000 元的固定对价，也就是说甲公司每月确认特许权使用费收入 1 000 元。

（4）基于销售或使用情况的特许权使用费。企业向客户授予知识产权许可，并约定按客户实际销售或使用情况收取特许权使用费的，应当在客户后续销售或使用行为实际发生与企业履行相关履约义务二者孰晚的时点确认收入。

这是估计可变对价的一个例外规定，该例外规定只有在以下两种情形下才能使用。

一是特许权使用费仅与知识产权许可相关。

二是特许权使用费可能与合同中的知识产权许可和其他商品都相关，但是，与知识产权许可相关的部分占有主导地位。当企业能够合理预期，客户认为知识产权许可的价值远高于合同中与之相关的其他商品时，该知识产权许可才可能是占有主导地位的。对于不适用该例外规定的特许权使用费，应当按照估计可变对价的一般原则进行处理。

此外，企业使用上述例外规定时，应当对特许权使用费整体采用该规定，而不应当将特许权使用费进行分拆，即部分采用该例外规定进行处理，而其他部分按照估计可变对价的一般原则进行处理。

【例 4-22】甲公司是一家著名的足球俱乐部，授权乙公司在其设计生产的服装、帽子、水杯以及毛巾等产品上使用甲公司球队的名称和图标，授权期为 2 年。合同约定，甲公司收取的合同对价由两部分组成：一是 200 万元固定金额的使用费；二是按照乙公司销售上述商品所取得销售额的 5%计算的提成。乙公司预期甲公司会继续参加当地顶级联赛，并取得优异成绩。请分析上述业务在会计和税务处理上是否存在差异。

解析：

1. 会计处理

该合同仅包括一项履约义务，即授予使用权许可，而甲公司继续参加比赛并取得优异成绩等活动是该许可的组成部分。由于乙公司能够合理预期甲公司将继续参加比赛，甲公司的成绩将会对其品牌（包括名称和图标等）的价值产生重大影响，而该品牌价值可能会进一步影响乙公司产品的销量，甲公司从事的上述活动并未向乙公司转让任何可明确区分的商品。因此，甲公司授予的该使用权许可，属于在2年内履行的履约义务。甲公司收取的200万元固定金额的使用费应当在2年内平均确认收入；按照乙公司销售相关商品所取得销售额的5%计算的提成应当在乙公司的销售发生时确认收入。

2. 税务处理

甲公司授权乙公司在其设计生产的服装、帽子、水杯以及毛巾等产品上使用甲公司球队的名称和图标，这属于商标权范畴，应按特许权使用费处理，即甲公司应按合同中乙公司的付款日期确认特许权使用费收入。

甲公司对于固定对价200万元按合同的付款日期确认收入的实现，而对于可变对价，甲公司按照乙公司销售相关商品所取得销售额的5%计算的提成应当在乙公司的销售发生时确认收入。即对于固定对价，税会处理理念存在差异；对于可变对价，税会处理无差异。

六、售后回购

售后回购，是指企业销售商品的同时承诺或有权选择日后再将该商品购回的销售方式。被购回的商品包括原销售给客户的商品，与该商品几乎相同的商品，或者以该商品作为组成部分的其他商品。

一般来说，售后回购通常有三种形式：一是企业和客户约定企业有义务回购该商品，即存在远期安排；二是企业有权回购该商品，即企业拥有回购选择权；三是当客户要求时，企业有义务回购该商品，即客户拥有回售选择权。

【特别提示】

售后回购的三种形式：约定企业回购、企业拥有回购选择权、客户拥有回售选择权。

1. 会计处理

对于不同类型的售后回购交易，企业应当区分下列两种情形分别进行会计处理。

（1）企业因存在与客户的远期安排而负有回购义务或企业享有回购权利的。[①] 在销售时点，客户并没有取得该商品的控制权。在这种情况下，企业应根据下列情况分别进行相应的会计处理。

一是回购价格低于原售价的，应当视为租赁交易，按照《企业会计准则第 21 号——租赁》的相关规定进行会计处理。

二是回购价格不低于原售价的，应当视为融资交易，在收到客户款项时确认金融负债，而不是终止确认该资产，并将该款项和回

① 即约定企业回购或企业拥有回购选择权。

购价格的差额在回购期间确认为利息费用等。

约定企业回购或企业拥有回购选择权的会计处理规则如图 4－2 所示。

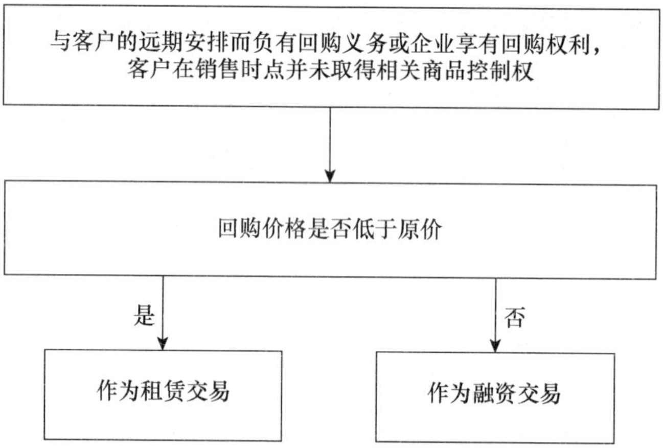

图 4－2　约定企业回购或企业拥有回购选择权的会计处理规则

【特别提示 1】

逻辑要点：客户主导商品受到限制——销售时点未取得商品控制权。

【特别提示 2】

会计处理要点：（1）回购价低于原售价——租赁交易；（2）回购价不低于原售价——融资交易。

此种情形下的税务处理如下：

根据《国家税务总局关于确认企业所得税收入若干问题的通知》（国税函〔2008〕875 号）的规定，采用售后回购方式销售商品的，销售的商品按售价确认收入，回购的商品作为购进商品处理。有证据表明不符合销售收入确认条件的，如以销售商品方式进行融资，收到的款项应确认为负债，回购价格大于原售价的，差额应在回购期间确认为利息费用。上述规定与原收入准则保持一致。值得注意的是，在新收入准则下，该税务处理仅仅适用于回购价不低于原售价的情形，因为国税函〔2008〕875 号中指明以销售商品方式进行融资。

【例 4－23】 2×18 年 4 月 1 日，甲公司向乙公司销售一台设备，销售价格为 200 万元，同时双方约定两年之后，即 2×20 年 4 月 1 日，甲公司将以 120 万元的价格回购该设备。请分析以上业务在会计和税务处理上是否存在差异。

解析：

1. 会计处理

根据合同约定，甲公司负有在两年后回购该设备的义务，因此，乙公司并未取得该设备的控制权。假定不考虑货币时间价值，该交易的实质是乙公司支付了 80 万元（200－120）的对价取得了该设备 2 年的使用权。甲公司应当将该交易作为租赁交易进行会计处理。

2. 税务处理

根据《国家税务总局关于确认企业所得税收入若干问题的通知》（国税函〔2008〕875 号）的规定，采用售后回购方式销售商品的，销售的商品按售价确认收入，回购的商品作为购进商品处理。有证据表明不符合销售收入确认条件的，如以销售商品方式进行融资，收到的款项应确认为负债，回购价格大于原售价的，差额应在回购期间确认为利息费用。

甲公司向乙公司销售一台设备并不符合税法上销售商品确认收入的标准，因为根据合同约定，甲公司负有在两年后回购该设备的义务，乙公司并未取得该设备的控制权，也就是说甲公司并未丧失对该设备的控制权。这也不属于国税函〔2008〕875号中的融资，因为回购价小于原售价。上述分析表明，现有的企业所得税法并未针对售价高于回购价的情形作出相关规定，根据实质重于形式原则，我们建议实务中税法采纳新收入准则中的规定，将其作为租赁交易处理，确保税会处理一致。

【例4-24】接例4-23，假定甲公司将在2×20年4月1日以250万元而不是120万元的价格回购该设备。请分析该业务在会计和税务处理上是否存在差异。

解析：

1. 会计处理

假定不考虑货币时间价值，该交易的实质是甲公司以该设备作为质押取得了200万元的借款，2年后归还本息合计250万元。甲公司应将该交易视为融资交易，不应终止确认该设备，而应在收到客户款项时确认金融负债，并将该款项和回购价格的差额在回购期间确认为利息费用等。

2. 税务处理

根据国税函〔2008〕875号的规定，以融资为目的的售后回购业务，企业所得税与会计处理均按照实质重于形式的原则，处理方法一致。

（2）企业应客户要求回购商品的。① 企业负有应客户要求回购商品义务的，应在合同开始日评估客户是否具有行使该要求权的重大经济动因。

1）客户具有行使该要求权的重大经济动因的，企业应将回购价格与原售价进行比较，并按照上述（1）情形下的原则将该售后回购作为租赁交易或融资交易进行相应的会计处理。

2）客户不具有行使该要求权的重大经济动因的，企业应将该售后回购作为附有销售退回条款的销售交易进行相应的会计处理。

【特别提示】

会计处理要点有：（1）合同开始日评估客户是否具有行权重大经济动因；（2）若具有，比较回购价与原售价，按租赁交易或融资交易处理；（3）若不具有，按附有销售退回条款的销售处理。

企业应客户要求回购商品的会计处理规则如图4-3所示。

在判断客户是否具有行权的重大经济动因时，企业应综合考虑

① 客户拥有回售选择权。

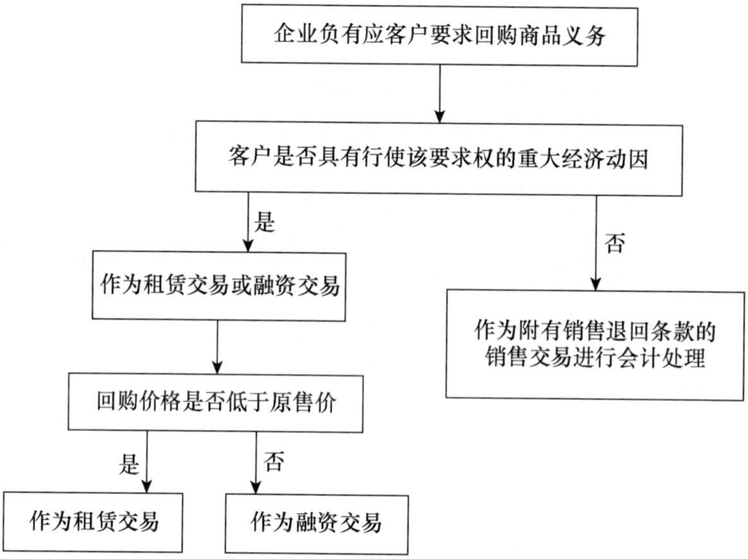

图 4-3 企业应客户要求回购商品的会计处理规则

各种相关因素，包括回购价格与预计回购时市场价格之间的比较以及权利的到期日等。当回购价格明显高于该资产回购时的市场价值时，通常表明客户有行权的重大经济动因。

【例 4-25】甲公司向乙公司销售其生产的一台设备，销售价格为 2 000 万元，双方约定，乙公司在 5 年后有权要求甲公司以 1 500 万元的价格回购该设备。甲公司预计该设备在回购时的市场价值将远低于 1 500 万元。请分析以上业务在会计和税务处理上是否存在差异。

解析：

1. 会计处理

假定不考虑货币时间价值的影响，甲公司的回购价格 1 500 万元低于原售价2 000万元，但远高于该设备在回购时的市场价值，甲公司判断乙公司有重大的经济动因行使其权利要求甲公司回购该设备。因此，甲公司应当将该交易作为租赁交易进行会计处理。

2. 税务处理

甲公司向乙公司销售的设备，相关的风险报酬并未全部转移给乙公司，甲公司也没有丧失对设备的控制权。这些证据表明，上述售后回购并不符合销售收入确认条件。现有的企业所得税法并未针对售价高于回购价的情形作出相关规定，根据实质重于形式原则，我们建议税务处理实践中采纳新收入准则中的规定，将其作为租赁交易处理，确保税会处理一致。

对于上述两种情形，企业在比较回购价格和原销售价格时，应当考虑货币的时间价值。在企业有权要求回购或者客户有权要求企业回购的情况下，企业或者客户到期未行使权利的，应在该权利到期时终止确认相关负债，同时确认收入。

七、客户未行使的权利

1. 会计处理

企业因销售商品向客户收取的预收款，应当将预收的款项确认为合同负债，待未来履行了相关履约义务后，再将该负债转为收入。

某些情况下，企业收取的预收款无需退回，但是客户可能会放弃其全部或部分合同权利，例如，放弃储值卡的使用等。企业预期将有权获得与客户所放弃的合同权利相关的金额的，应当按照客户行使合同权利的模式按比例将上述金额确认为收入；否则，企业只有在客户要求其履行剩余履约义务的可能性极低时，才能将相关负债余额转为收入。

【特别提示】

企业收取的预收款计入合同负债；履约时，合同负债转入收入。

2. 税务处理

企业所得税上不认可因客户未行使的权利而分摊确认实际收入的情形，应按照销售实际发生情况确认销售收入，会形成税会差异。

【例 4－26】 甲公司经营一家连锁超市，以主要责任人的身份销售商品给客户。甲公司销售的商品适用不同的增值税税率，如零食等适用税率为 13%，粮食等适用税率为 9%等。2×19 年甲公司向客户销售了 5 000 张不可退的储值卡，每张卡的面值为 200 元，总额为 100 万元。客户可在甲公司经营的任意门店使用该类储值卡进行消费。根据历史经验，甲公司预期客户购买的储值卡金额将全部被消费。甲公司为增值税一般纳税人，在客户使用该类储值卡消费时发生增值税纳税义务。请分析以上业务在会计和税务处理上是否存在差异。

解析：

1．会计处理

甲公司经营一家连锁超市，销售适用不同增值税税率的各种商品，并收取商品价款及相应的增值税。因此，甲公司销售储值卡收取的款项100万元中，仅商品价款部分代表甲公司已收客户对价而应向客户转让商品的义务，应当确认合同负债；增值税部分，因不符合合同负债的定义，不应确认为合同负债。

甲公司应根据历史经验（例如公司以往年度类似业务的综合税率等）估计客户使用该类储值卡购买不同税率商品的情况，将估计的储值卡款项中的增值税部分确认为“应交税费——待转销项税额”，将剩余的商品价款部分确认为合同负债。实际消费情况与预计不同时，根据实际情况进行调整。后续每个资产负债表日根据最新信息对合同负债和应交税费的金额进行重新估计。

销售储值卡时：

借：银行存款　　1 000 000

　贷：合同负债　　884 956

　　应交税费——待转销项税额(1 000 000÷(1＋13%)×13%)　　115 044

【特别提示】

值得注意的是，根据《财政部关于印发〈增值税会计处理规定〉的通知》（财会〔2016〕22号）的规定，增值税一般纳税人应当在“应交税费”科目下设置“待转销项税额”明细科目，该科目核算一般纳税人销售货物、加工修理修配劳务、服务、无形资产或不动产，已确认相关收入（或利得）但尚未发生增值税纳税义务而需于以后期间确认为销项税额的增值税额。简言之，“待转销项税额”核算会计中确认的收入（或利得）早于增值税纳税义务发生时间的情形。而本例中，会计上并未确认收入，而是确认为合同负债，此处贷记“应交税费——待转销项税额”实属不妥，也无相关文件支持。

客户消费时：

借：合同负债

　贷：主营业务收入

借：应交税费——待转销项税额

　贷：应交税费——应交增值税（销项税额）

2. 税务处理

根据企业所得税法的一般处理原则，本例中，销售储值卡时认可会计处理，不确认收入。因为不完全满足国税函〔2008〕875号中销售商品确认收入的四项条件，如风险报酬并未实质转移、未丧失商品的控制权等。客户消费时再确认收入，与会计处理保持一致。

【例4-27】甲公司经营连锁面包店。2×19年，甲公司向客户销售了5 000张储值卡，每张卡的面值为200元，总额为1 000 000元。客户可在甲公司经营的任何一家门店使用该储值卡进行消费。

根据历史经验，甲公司预期客户购买的储值卡中将有大约相当于储值卡面值金额5%（即50 000元）的部分不会被消费。截至2×19年12月31日，客户使用该储值卡消费的金额为400 000元。甲公司为增值税一般纳税人，在客户使用该储值卡消费时发生增值税纳税义务。请分析以上业务在会计和税务处理上是否存在差异。

解析：

1. 会计处理

甲公司预期将有权获得与客户未行使的合同权利相关的金额为50 000元，该金额应当按照客户行使合同权利的模式按比例确认为收入。因此，甲公司在2×19年销售的储值卡应当确认的收入金额为372 613元[(400 000＋50 000×400 000÷950 000)÷(1＋13%)]。甲公司的账务处理为：

（1）销售储值卡。

借：库存现金　1 000 000

　贷：合同负债　884 956

　　应交税费——待转销项税额　115 044

（2）根据储值卡的消费金额确认收入，同时将对应的待转销项税额确认为销项税额。

借：合同负债　372 613

　应交税费——待转销项税额　46 018

　贷：主营业务收入　372 613

　　应交税费——应交增值税（销项税额）　46 018

2. 税务处理

企业所得税法不认可客户未行使的权利确认。本例中，收入确认应坚持权责发生制和实质重于形式原则，2019 年确认销售收入 400 000÷(1+13%)=353 982(元)，将会形成税会差异。

八、无需退回的初始费

1. 会计处理

企业在合同开始日（或邻近合同开始日）向客户收取的无需退回的初始费通常包括入会费、接驳费、初装费等。

企业收取该初始费时，应当评估该初始费是否与向客户转让已承诺的商品相关。

（1）该初始费与向客户转让已承诺的商品相关，且该商品构成单项履约义务的，企业应当在转让该商品时，按照分摊至该商品的交易价格确认收入。

（2）该初始费与向客户转让已承诺的商品相关，但该商品不构成单项履约义务的，企业应当在包含该商品的单项履约义务履行时，按照分摊至该单项履约义务的交易价格确认收入。

（3）该初始费与向客户转让已承诺的商品不相关的，该初始费应当作为未来转让商品的预收款，在未来转让该商品时确认为收入。当企业向客户授予了续约选择权，且该选择权向客户提供了重大权利时，这部分收入确认的期间将可能长于初始合同期限。

【特别提示】

与向客户转让已承诺的商品是否相关？

相关：分摊确认收入（该商品构成单项履约义务，分摊至该商品交易价格；该商品不构成单项履约义务，该商品与其他商品构成单项履约义务，分摊至该单项履约义务交易价格）。

不相关：预收款。

在合同开始日（或邻近合同开始日），企业通常必须开展一些初始活动，为履行合同做准备，如一些行政管理性质的准备工作，这些活动虽然与履行合同有关，但并没有向客户转让已承诺的商品，因此，不构成单项履约义务。在这种情况下，即使企业向客户收取的无需退还的初始费与这些初始活动有关，也不应在这些活动完成时将该初始费确认为收入，而应当将该初始费作为未来转让商品的预收款，在未来转让该商品时确认为收入。

企业为履行合同开展初始活动，但这些活动本身并没有向客户转让已承诺的商品的，企业为开展这些活动所发生的支出，应当按照新收入准则有关合同履约成本的相关规定确认为一项资产或计入当期损益，并且企业在确定履约进度时，也不应当考虑这些成本，因为这些成本并不反映企业向客户转让商品的进度。

2. **税务处理**

《国家税务总局关于确认企业所得税收入若干问题的通知》（国

税函〔2008〕875号）规定，企业在各个纳税期末，提供劳务交易的结果能够可靠估计的，应采用完工进度（完工百分比）法确认提供劳务收入。

企业应按照从接受劳务方已收或应收的合同或协议价款来确定劳务收入总额，根据纳税期末提供劳务收入总额乘以完工进度扣除以前纳税年度累计已确认提供劳务收入后的金额，确认为当期劳务收入。同时，按照提供劳务估计总成本乘以完工进度扣除以前纳税期间累计已确认劳务成本后的金额，结转为当期劳务成本。

申请入会或加入会员，只允许取得会籍，所有其他服务或商品都要另行收费的，在取得该会员费时确认收入。申请入会或加入会员后，会员在会员期内不再付费就可得到各种服务或商品，或者以低于非会员的价格销售商品或提供服务的，该会员费应在整个受益期内分期确认收入。那么，受益期内如何分期确认收入？可以采用完工进度法或直线法（完工进度法的一种特例）分期确认收入。

综上所述，对于无需退回的初始费，若与向客户转让已承诺的商品有关，且已承诺的商品需要另行收费的，则在取得初始费时确认收入；若与向客户转让已承诺的商品有关，且已承诺的商品免费或低于正常收费标准的，则该初始费应在整个受益期内分期确认收入。会计处理上，初始费与向客户转让已承诺的商品相关时，需要将初始费分摊至单项履约义务（该商品构成单项履约义务，分摊至该商品交易价格；该商品不构成单项履约义务，该商品与其他商品构成单项履约义务，分摊至该单项履约义务交易价格）。

若该初始费与向客户转让已承诺的商品不相关，则将其作为预收款，在未来转让商品时确认收入，与会计处理保持一致。

【例4－28】甲公司经营一家会员制健身俱乐部。甲公司与客户签订了为期2年的合同，客户入会后可以随时在该俱乐部健身。除俱乐部的年费2 000元之外，甲公司还向客户收取了50元的入会费，用于补偿俱乐部为客户进行注册登记、准备会籍资料以及制作会员卡等初始活动所花费的成本。甲公司收取的入会费和年费均无需返还。请分析以上业务在会计和税务处理上是否存在差异。

解析：

1. 会计处理

甲公司承诺的服务是向客户提供健身服务（即可随时使用的健身场地），而甲公司为会员入会所进行的初始活动并未向客户提供其所承诺的服务，而只是一些内部行政管理性质的工作。

因此，甲公司虽然为补偿这些初始活动向客户收取了入会费，但是该入会费实质上是客户为健身服务所支付的对价的一部分，故应当作为健身服务的预收款，与收取的年费一起在2年内分摊确认为收入。

2. 税务处理

按照企业所得税法的规定，申请入会或加入会员，只允许取得会籍，所有其他服务或商品都要另行收费的，在取得该会员费时确认收入；申请入会或加入会员后，会员在会员期内不再付费就可得到各种服务或商品，或者以低于非会员的价格销售商品或提供服务的，该会员费应在整个受益期内分期确认收入。本例符合第一种情形，入会费部分视为已提供初始服务，风险便已转移，应当在收取时立即确认收入。会计上按照时间进度确定的履约进度进行确认，则在企业所得税处理上将形成税会暂时性差异。收取的年费 2 000 元，属于提供劳务交易的结果能够可靠估计的（因为同时满足：收入的金额能够可靠地计量，交易的完工进度能够可靠地确定，交易中已发生和将发生的成本能够可靠地核算）情形，甲公司应在纳税期末（一般是季末）按完工进度确认收入，而会计处理一般在月末按完工进度（本例中也可采用直线法）分摊确认收入。尽管税务处理与会计处理的时点不一样，但就整个纳税年度而言，两者的处理结果没有差异。

综上所述，我们将本章特定交易会计处理与税务处理的差异对比归纳总结于表 4-3。

表 4-3　特定交易会计与税务处理差异对比表

业务名称	会计处理	税务处理
附有销售退回条款的销售	（1）在客户取得商品控制权时按预期有权收取对价金额确认收入。 （2）预期销售退回金额确认为“预计负债”。 （3）按照预期退回商品的账面价值，扣除收回该商品预计发生的成本（包括退回商品的价值减损）后的余额，确认为“应收退货成本”；按照所转让商品的账面价值，扣除上述资产成本的净额结转“主营业务成本”。 （4）每一资产负债表日，重新估计销售退回情况，重新计量“应收退货成本”和“预计负债”。	企业在商品销售时全部确认收入并全部结转成本，实际发生退货时冲减当期收入和成本。

续表

业务名称	会计处理	税务处理
附有质量保证条款的销售	(1) 对于服务类条款，按单项履约义务处理，将交易价格分摊至该单项履约义务，履行合同时确认收入。 (2) 对于保证类条款，按或有事项准则处理，计入“销售费用——产品质量保证”，同时计入“预计负债”。	企业所得税法不允许企业扣除按照历史经验与数据预提的因质量保证而发生的费用，只有在费用实际发生时，才准予扣除。即对于作为单项履约义务按照新收入准则规定确认的会计收入与应税收入并无差异；对于不作为单项履约义务的质量保证类的销售，企业所得税全额确认收入。
主要责任人和代理人	(1) 划分的原则：企业在特定商品转让给客户之前能否控制该商品。能够控制的，则为主要责任人；不能控制的，则为代理人。 (2) 主要责任人：对价总额（总额法）；代理人：佣金或手续费（净额法）。	企业所得税法中并无主要责任人和代理人的具体规定，根据实质重于形式原则，税法认可会计处理，两者无差异。
附有客户额外购买选择权的销售	若额外购买选择权属于重大权利（从“金额+性质”去评价），则作为单项履约义务；企业应将交易价格在“原合同下购买的商品”和“购买额外商品”之间进行分摊。企业应当在客户未来行使该选择权取得相关商品的控制权时，或者在该选择权失效时确认收入。	不认可额外购买选择权分摊交易价格的情形，将按照额外购买权的选择权实际发生时，确认销售收入。

续表

业务名称	会计处理	税务处理
授予知识产权许可	(1) 若不构成单项履约义务，将该知识产权许可和所售商品一起作为单项履约义务处理；若构成单项履约义务，应分摊交易价格。 (2) 构成单项履约义务，同时满足“从事重大影响的活动＋该活动对企业产生影响＋该活动不会向客户转让商品”三项条件的，按履约进度确认收入；否则，在履行履约义务时确认收入。	有关授予知识产权许可涉及特许权使用费收入和特许权费： (1) 特许权使用费收入，按照合同约定的特许权使用人应付特许权使用费的日期确认收入的实现。 (2) 属于提供设备和其他有形资产的特许权费，在交付资产或转移资产所有权时确认收入；属于提供初始及后续服务的特许权费，在提供服务时确认收入。值得注意的是：软件和技术、影视和音乐等的版权、专利权、商标权和其他版权属于特许权使用费范畴，特许经营权属于特许权费范畴。
售后回购	(1) 约定企业回购或企业拥有回购选择权：回购价低于原售价——租赁交易；回购价不低于原售价——融资交易。 (2) 客户拥有回售选择权：合同开始日评估客户是否具有行权重大经济动因。若具有，比较回购价与原售价，按租赁交易或融资交易处理；若不具有，按附有销售退回条款的销售处理。	采用售后回购方式销售商品的，销售的商品按售价确认收入，回购的商品作为购进商品处理。有证据表明不符合销售收入确认条件的，如以销售商品方式进行融资，收到的款项应确认为负债，回购价格大于原售价的，差额应在回购期间确认为利息费用。 值得注意的是，在新收入准则下，该税务处理仅仅适用于回购价不低于原售价的情形，因为相关规定中指明“以销售商品方式进行融资”。现行企业所得税法并未针对售价高于回购价的情形作出相关规定，根据实质重于形式原则，我们建议税务处理实践中采纳新收入准则中的规定，将其作为租赁交易处理，确保税会处理一致。

续表

业务名称	会计处理	税务处理
客户未行使的权利	企业收取的预收款计入合同负债；履约时，合同负债转入收入。	企业所得税上不认可因客户未行使的权利而分摊确认实际收入的情形，将按照销售实际发生情况，确认销售收入。
无需退回的初始费	与向客户转让已承诺的商品是否相关？ (1) 相关：分摊确认收入（该商品构成单项履约义务，分摊至该商品交易价格；该商品不构成单项履约义务，该商品与其他商品构成单项履约义务，分摊至该单项履约义务交易价格）。 (2) 不相关：预收款。	对于无需退回的初始费： (1) 若与向客户转让已承诺的商品有关，且已承诺的商品需要另行收费的，则在取得初始费时确认收入。 (2) 若与向客户转让已承诺的商品有关，且已承诺的商品免费或低于正常收费标准，则该初始费应在整个受益期内分期确认收入。

第五章/*Chapter Five*

列报规则及税务问题

本章思维导图

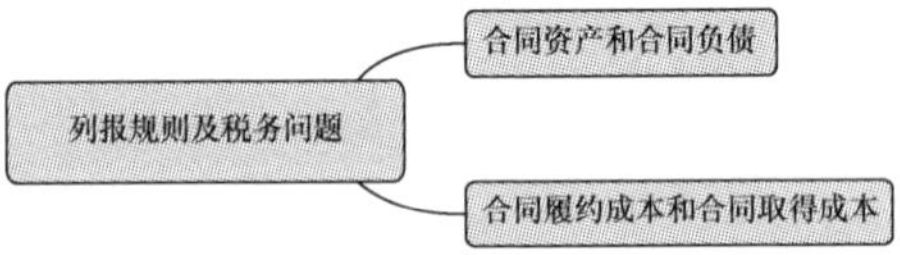

一、合同资产和合同负债

合同一方已经履约的，即企业依据合同履行履约义务或客户依据合同支付合同对价，企业应当根据其履行履约义务与客户付款之间的关系，在资产负债表中列示合同资产或合同负债。

【特别提示】

划分合同资产与合同负债的标准：履行履约义务与客户付款之间的关系。

企业拥有的、无条件（即仅取决于时间流逝）向客户收取对价的权利应当作为应收款项单独列示。

企业在向客户转让商品之前，如果客户已经支付了合同对价或企业已经取得了无条件收取合同对价的权利，则企业应当在客户实际支付款项与到期应支付款项孰早时点，将该已收或应收的款项列示为合同负债。合同负债是指企业已收或应收客户对价而应向客户转让商品的义务。

相反，在客户实际支付合同对价或在该对价到期应付之前，企业如果已经向客户转让了商品，则应当将因已转让商品而有权收取对价的权利列示为合同资产。合同资产，是指企业已向客户转让商品而有权收取对价的权利，且该权利取决于时间流逝之外的其他因素。企业应当按照《企业会计准则第 22 号——金融工具确认和计量》评估合同资产的减值，该减值的计量、列报和披露应当按照《企业会计准则第 22 号——金融工具确认和计量》和《企业会计准则第 37 号——金融工具列报》的规定进行会计处理。

合同资产和应收款项都是企业拥有的有权收取对价的合同权利，二者的区别在于，应收款项代表的是无条件收取合同对价的权利，即企业仅仅随着时间的流逝即可收款；而合同资产并不是一项无条件收款权，该权利除了时间流逝之外，还取决于其他条件（例如，履行合同中的其他履约义务）才能收取相应的合同对价。因此，与合同资产和应收款项相关的风险是不同的，应收款项仅承担信用风险，而合同资产除信用风险之外，还可能承担其他风险，如履约风险等。

【特别提示】

应收账款——无条件收款权利——信用风险；

合同资产——有条件收款权利——履约风险。

【例5-1】 2×20年3月1日，甲公司与客户签订合同，向其销售A，B两种商品，合同价款为2 000元。合同约定，A商品于合同开始日交付，B商品在一个月之后交付，只有当A，B两种商品全部交付之后，甲公司才有权收取2 000元的合同对价。假定A商品和B商品构成两项履约义务，其控制权在交付时转移给客户，分摊至A商品和B商品的交易价格分别为400元和1 600元。上述价格均不含增值税，且假定不考虑相关税费影响。请分析以上业务在会计和税务处理上是否存在差异。

解析：

1. 会计处理

甲公司将A商品交付给客户之后，与该商品相关的履约义务已经履行，但是需要等到后续交付B商品时，甲公司才具有无条件收取合同对价的权利。因此，甲公司应当将因交付A商品而有权收取的对价400元确认为合同资产，而不是应收账款，相应的账务处理如下：

（1）交付A商品时。

借：合同资产　400

　贷：主营业务收入　400

（2）交付B商品时。

借：应收账款　2 000

　贷：合同资产　400

　　主营业务收入　1 600

2. 税务处理

税务处理与会计处理保持一致，无差异。

【例5-2】2×20年1月1日，乙公司与客户签订合同，以每件产品150元的价格向客户销售。如果客户在2×20年全年的采购量超过100万件，该产品的销售价格将追溯下调至每件125元。该产品的控制权在交付时转移给客户。在合同开始日，乙公司估计该客户全年的采购量能够超过100万件。2×20年1月31日，乙公司交付了第一批产品共10万件。上述价格均不含增值税，且假定不考虑相关税费影响。请分析以上业务在会计和税务处理上是否存在差异。

解析：

1. 会计处理

乙公司将产品交付给客户时取得了无条件的收款权，即乙公司有权按照每件产品150元的价格向客户收取款项，直到客户的采购量达到100万件为止。由于乙公司估计客户的采购量能够达到100万件，因此，根据将可变对价计入交易价格的限制要求，乙公司确定每件产品的交易价格为125元。2×20年1月31日，乙公司交付产品时的账务处理为：

借：应收账款	15 000 000
贷：主营业务收入	12 500 000
预计负债——应付退货款	2 500 000

2. 税务处理

乙公司在交付第一批10万件产品时，应以合同价确认应税收入1 500万元。未来全年的采购量能够超过100万件时，按每件125元结算，这属于销售返利，在满足返利条件时，冲减收入即可。

合同资产和合同负债应当在资产负债表中单独列示。同一合同下的合同资产和合同负债应当以净额列示，不同合同下的合同资产和合同负债不能互相抵销。

由于同一合同下的合同资产和合同负债应当以净额列示，企业也可以设置“合同结算”科目（或其他类似科目），以核算同一合同下属于在某一时段内履行履约义务涉及与客户结算对价的合同资产或合同负债，并在此科目下设置“合同结算——价款结算”科目反映定期与客户进行结算的金额，设置“合同结算——收入结转”科目反映按履约进度结转的收入金额。资产负债表日，“合同结算”科目的期末余额在借方的，根据其流动性，在资产负债表中分别列示为“合同资产”或“其他非流动资产”项目；期末余额在贷方的，根据其流动性，在资产负债表中分别列示为“合同负债”或“其他非流动负债”项目。

【例 5-3】 2×19 年 1 月 1 日，甲建筑公司与乙公司签订一项大型设备建造工程合同，根据双方合同，该工程的造价为 6 300 万元，工程期限为 1 年半；甲公司负责工程的施工及全面管理，乙公司按照第三方工程监理公司确认的工程完工量，每半年与甲公司结算一次；预计 2×20 年 6 月 30 日竣工，可能发生的总成本为 4 000 万元。假定该建造工程整体构成单项履约义务，并属于在某一时段履行的履约义务，甲公司采用成本法确定履约进度，增值税税率为 9%，不考虑其他相关因素。

2×19 年 6 月 30 日，工程累计实际发生成本 1 500 万元，甲公司与乙公司结算合同价款 2 500 万元，甲公司实际收到价款 2 000 万元；2×19 年 12 月 31 日，工程累计实际发生成本 3 000 万元，甲公司与乙公司结算合同价款 1 100 万元，甲公司实际收到价款 1 000 万元；2×20 年 6 月 30 日，工程累计实际发生成本 4 100 万元，乙公司与甲公司结算了合同竣工价款 2 700 万元，并支付剩余工程款 3 300 万元。上述价款均不含增值税额。假定甲公司与乙公司结算时即发生增值税纳税义务，乙公司在实际支付工程价款的同时支付其对应的增值税款。请分析以上业务在会计和税务处理上是否存在差异。

解析：

1. 会计处理

甲公司的账务处理为：

(1) 2×19年1月1日至6月30日实际发生工程成本时。

借：合同履约成本　　15 000 000

　贷：原材料、应付职工薪酬等　　15 000 000

(2) 2×19年6月30日。

履约进度＝15 000 000÷40 000 000＝37.5%

合同收入＝63 000 000×37.5%＝23 625 000(元)

借：合同结算——收入结转　　23 625 000

　贷：主营业务收入　　23 625 000

借：主营业务成本　　15 000 000

　贷：合同履约成本　　15 000 000

借：应收账款　　27 250 000

　贷：合同结算——价款结算　　25 000 000

　　应交税费——应交增值税（销项税额）　　2 250 000

借：银行存款　　22 000 000

　贷：应收账款　　22 000 000

当日，“合同结算”科目的余额为贷方137.5万元（2 500－2 362.5），表明甲公司已经与客户结算但尚未履行履约义务的金额为

137.5万元，由于甲公司预计该部分履约义务将在2×19年内完成，因此，应在资产负债表中作为合同负债列示。

(3) 2×19年7月1日至12月31日实际发生工程成本时。

借：合同履约成本　15 000 000

　贷：原材料、应付职工薪酬等　15 000 000

(4) 2×19年12月31日。

履约进度＝30 000 000÷40 000 000＝75%

合同收入＝63 000 000×75%－23 625 000＝23 625 000(元)

借：合同结算——收入结转　23 625 000

　贷：主营业务收入　23 625 000

借：主营业务成本　15 000 000

　贷：合同履约成本　15 000 000

借：应收账款　11 990 000

　贷：合同结算——价款结算　11 000 000

　　应交税费——应交增值税（销项税额）　990 000

借：银行存款　11 000 000

　贷：应收账款　11 000 000

当日，“合同结算”科目的余额为借方1 125万元（2 362.5－1 100－137.5)，表明甲公司已经履行履约义务但尚未与客户结算的金额为1 125万元，由于该部分金额将在2×20年内结算，因此，应在资产负债表中作为合同资产列示。

（5）2×20 年 1 月 1 日至 6 月 30 日实际发生工程成本时。

借：合同履约成本　　11 000 000

　贷：原材料、应付职工薪酬等　　11 000 000

（6）2×20 年 6 月 30 日，由于当日该工程已竣工决算，其履约进度为 100%。

合同收入＝63 000 000－23 625 000－23 625 000

＝15 750 000(元)

借：合同结算——收入结转　　15 750 000

　贷：主营业务收入　　15 750 000

借：主营业务成本　　10 000 000

　贷：合同履约成本　　10 000 000

借：应收账款　　29 430 000

　贷：合同结算——价款结算　　27 000 000

　　应交税费——应交增值税（销项税额）　　2 430 000

借：银行存款　　35 970 000

　贷：应收账款　　35 970 000

当日，“合同结算”科目的余额为零（1 125＋1 575－2 700）。

2. 税务处理

根据国税函〔2008〕875 号的规定，企业在各个纳税期末，提供劳务交易的结果能够可靠估计的，应采用完工进度（完工百分比）法确认提供劳务收入。提供劳务交易的结果能够可靠估计，是指同时满足下列条件：（1）收入的金额能够可靠地计量；（2）交易的完工进度能够可靠地确定；（3）交易中已发生和将发生的成本能够可靠地核算。企业提供劳务完工进度的确定，可选用下列方法：（1）已完工作的测量；（2）已提供劳务占劳务总量的比例；（3）发生成本占总成本的比例。在《企业会计准则第15号——建造合同》[①]中，除减值、预计增加合同价款等特殊事项之外，税务处理与会计处理保持一致。此外，值得注意的是，新收入准则按履约进度确认收入，按实际发生的合同履约成本结转成本；税法按完工进度确认收入，与会计处理保持一致，但是按完工进度结转成本，与会计处理之间存在重大差异。

二、合同履约成本和合同取得成本

根据新收入准则规定确认为资产的合同履约成本，初始确认时摊销期限不超过一年或一个正常营业周期的，在资产负债表中计入“存货”项目；初始确认时摊销期限在一年或一个正常营业周期以上的，在资产负债表中计入“其他非流动资产”项目。

根据新收入准则规定确认为资产的合同取得成本，初始确认时摊销期限不超过一年或一个正常营业周期的，在资产负债表中计入“其他流动资产”项目；初始确认时摊销期限在一年或一个正常营业

① 新收入准则颁布后，《企业会计准则第15号——建造合同》已失效。

周期以上的，在资产负债表中计入“其他非流动资产”项目。

【特别提示】

上述规定可归纳为：

(1) 作为资产的合同履约成本——摊销期限一年以内或超过一年的一个营业周期以内（反之）——“存货”（“其他非流动资产”）；

(2) 作为资产的合同取得成本——摊销期限一年以内或超过一年的一个营业周期以内（反之）——“其他流动资产”（“其他非流动资产”）。

企业所得税法一般不干预报表列报的项目和金额，对于税会差异的部分，在企业所得税纳税申报表中进行调整。

附录一

财政部关于修订印发《企业会计准则第14号——收入》的通知

财会〔2017〕22号

国务院有关部委、有关直属机构，各省、自治区、直辖市、计划单列市财政厅（局），新疆生产建设兵团财务局，财政部驻各省、自治区、直辖市、计划单列市财政监察专员办事处，有关中央管理企业：

为了适应社会主义市场经济发展需要，规范收入的会计处理，提高会计信息质量，根据《企业会计准则——基本准则》，我部对《企业会计准则第14号——收入》进行了修订，现予印发。现就做好该准则实施工作通知如下：

一、在境内外同时上市的企业以及在境外上市并采用国际财务报告准则或企业会计准则编制财务报表的企业，自2018年1月1日起施行；其他境内上市企业，自2020年1月1日起施行；执行企业会计准则的非上市企业，自2021年1月1日起施行。同时，允许企业提前执行。执行本准则的企业，不再执行我部于2006年2月15日印发的《财政部关于印发〈企业会计准则第1号——存货〉等38项具体准则的通知》（财会〔2006〕3号）中的《企业会计准则第14号——收入》和《企业会计准则第15号——建造合同》，以及我部于2006年10月30日印发的《财政部关于印发〈企业会计准则——应用指南〉的通知》（财会〔2006〕18号）中的《〈企业会计准则第14号——收入〉应用指南》。

二、母公司执行本准则、但子公司尚未执行本准则的，母公司在编制合并财务报表时，应当按照本准则规定调整子公司的财务报表。母公司尚未执行本准则、而子公司已执行本准则的，母公司在编制合并财务报表时，可以将子公司的财务报表按照母公司的会计政策进行调整后合并，也可以将子公司按照本准则编制的财务报表直接合并，母公司将子公司按照本准则编制的财务报表直接合并的，应当在合并财务报表中披露该事实，并且对母公司和子公司的会计政策及其他相关信息分别进行披露。

企业对合营企业和联营企业的长期股权投资采用权益法核算的，比照上述原则进行处理，但不切实可行的除外。

三、企业以存货换取客户的固定资产、无形资产等的，按照本准则的规定进行会计处理；其他非货币性资产交换，按照《企业会计准则第7号——非货币性资产交换》的规定进行会计处理。

执行中有何问题，请及时反馈我部。

附件：《企业会计准则第14号——收入》

财政部

2017年7月5日

附录二

企业会计准则第 14 号——收入

第一章　总则

第一条　为了规范收入的确认、计量和相关信息的披露，根据《企业会计准则——基本准则》，制定本准则。

第二条　收入，是指企业在日常活动中形成的、会导致所有者权益增加的、与所有者投入资本无关的经济利益的总流入。

第三条　本准则适用于所有与客户之间的合同，但下列各项除外：

（一）由《企业会计准则第 2 号——长期股权投资》《企业会计准则第 22 号——金融工具确认和计量》《企业会计准则第 23 号——金融资产转移》《企业会计准则第 24 号——套期会计》《企业会计准则第 33 号——合并财务报表》以及《企业会计准则第 40 号——合营安排》规范的金融工具及其他合同权利和义务，分别适用《企业会计准则第 2 号——长期股权投资》《企业会计准则第 22 号——金融工具确认和计量》《企业会计准则第 23 号——金融资产转移》《企业会计准则第 24 号——套期会计》《企业会计准则第 33 号——合并财务报表》以及《企业会计准则第 40 号——合营安排》。

（二）由《企业会计准则第 21 号——租赁》规范的租赁合同，适用《企业会计准则第 21 号——租赁》。

（三）由保险合同相关会计准则规范的保险合同，适用保险合同相关会计准则。

本准则所称客户，是指与企业订立合同以向该企业购买其日常活动产出的商品或服务（以下简称“商品”）并支付对价的一方。

本准则所称合同，是指双方或多方之间订立有法律约束力的权利义务的协议。合同有书面形式、口头形式以及其他形式。

第二章　确认

第四条　企业应当在履行了合同中的履约义务，即在客户取得相关商品控制权时确认收入。

取得相关商品控制权，是指能够主导该商品的使用并从中获得几乎全部的经济利益。

第五条　当企业与客户之间的合同同时满足下列条件时，企业应当在客户取得相关商品控制权时确认收入：

（一）合同各方已批准该合同并承诺将履行各自义务；

（二）该合同明确了合同各方与所转让商品或提供劳务（以下简称“转让商品”）相关的权利和义务；

（三）该合同有明确的与所转让商品相关的支付条款；

（四）该合同具有商业实质，即履行该合同将改变企业未来现金流量的风险、时间分布或金额；

（五）企业因向客户转让商品而有权取得的对价很可能收回。

在合同开始日即满足前款条件的合同，企业在后续期间无需对其进行重新评估，除非有迹象表明相关事实和情况发生重大变化。合同开始日通常是指合同生效日。

第六条　在合同开始日不符合本准则第五条规定的合同，企业应当对其进行持续评估，并在其满足本准则第五条规定时按照该条的规定进行会计处理。

对于不符合本准则第五条规定的合同，企业只有在不再负有向客户转让商品的剩余义务，且已向客户收取的对价无需退回时，才能将已收取的对价确认为收入；否则，应当将已收取的对价作为负债进行会计处理。没有商业实质的非货币性资产交换，不确认收入。

第七条　企业与同一客户（或该客户的关联方）同时订立或在相近时间内先后订立的两份或多份合同，在满足下列条件之一时，应当合并为一份合同进行会计处理：

（一）该两份或多份合同基于同一商业目的而订立并构成一揽子交易。

（二）该两份或多份合同中的一份合同的对价金额取决于其他合同的定价或履行情况。

（三）该两份或多份合同中所承诺的商品（或每份合同中所承诺的部分商品）构成本准则第九条规定的单项履约义务。

第八条 企业应当区分下列三种情形对合同变更分别进行会计处理：

（一）合同变更增加了可明确区分的商品及合同价款，且新增合同价款反映了新增商品单独售价的，应当将该合同变更部分作为一份单独的合同进行会计处理。

（二）合同变更不属于本条（一）规定的情形，且在合同变更日已转让的商品或已提供的服务（以下简称“已转让的商品”）与未转让的商品或未提供的服务（以下简称“未转让的商品”）之间可明确区分的，应当视为原合同终止，同时，将原合同未履约部分与合同变更部分合并为新合同进行会计处理。

（三）合同变更不属于本条（一）规定的情形，且在合同变更日已转让的商品与未转让的商品之间不可明确区分的，应当将该合同变更部分作为原合同的组成部分进行会计处理，由此产生的对已确认收入的影响，应当在合同变更日调整当期收入。

本准则所称合同变更，是指经合同各方批准对原合同范围或价格作出的变更。

第九条　合同开始日，企业应当对合同进行评估，识别该合同所包含的各单项履约义务，并确定各单项履约义务是在某一时段内履行，还是在某一时点履行，然后，在履行了各单项履约义务时分别确认收入。

履约义务，是指合同中企业向客户转让可明确区分商品的承诺。履约义务既包括合同中明确的承诺，也包括由于企业已公开宣布的政策、特定声明或以往的习惯做法等导致合同订立时客户合理预期企业将履行的承诺。企业为履行合同而应开展的初始活动，通常不构成履约义务，除非该活动向客户转让了承诺的商品。

企业向客户转让一系列实质相同且转让模式相同的、可明确区分商品的承诺，也应当作为单项履约义务。转让模式相同，是指每一项可明确区分商品均满足本准则第十一条规定的、在某一时段内履行履约义务的条件，且采用相同方法确定其履约进度。

第十条　企业向客户承诺的商品同时满足下列条件的，应当作为可明确区分商品：

（一）客户能够从该商品本身或从该商品与其他易于获得资源一起使用中受益；

（二）企业向客户转让该商品的承诺与合同中其他承诺可单独区分。

下列情形通常表明企业向客户转让该商品的承诺与合同中其他承诺不可单独区分：

1. 企业需提供重大的服务以将该商品与合同中承诺的其他商品

整合成合同约定的组合产出转让给客户。

2. 该商品将对合同中承诺的其他商品予以重大修改或定制。

3. 该商品与合同中承诺的其他商品具有高度关联性。

第十一条　满足下列条件之一的，属于在某一时段内履行履约义务；否则，属于在某一时点履行履约义务：

（一）客户在企业履约的同时即取得并消耗企业履约所带来的经济利益。

（二）客户能够控制企业履约过程中在建的商品。

（三）企业履约过程中所产出的商品具有不可替代用途，且该企业在整个合同期间内有权就累计至今已完成的履约部分收取款项。

具有不可替代用途，是指因合同限制或实际可行性限制，企业不能轻易地将商品用于其他用途。

有权就累计至今已完成的履约部分收取款项，是指在由于客户或其他方原因终止合同的情况下，企业有权就累计至今已完成的履约部分收取能够补偿其已发生成本和合理利润的款项，并且该权利具有法律约束力。

第十二条　对于在某一时段内履行的履约义务，企业应当在该段时间内按照履约进度确认收入，但是，履约进度不能合理确定的除外。企业应当考虑商品的性质，采用产出法或投入法确定恰当的履约进度。其中，产出法是根据已转移给客户的商品对于客户的价值确定履约进度；投入法是根据企业为履行履约义务的投入确定履约进度。对于类似情况下的类似履约义务，企业应当采用相同的方法确定履约进度。

当履约进度不能合理确定时，企业已经发生的成本预计能够得到补偿的，应当按照已经发生的成本金额确认收入，直到履约进度能够合理确定为止。

第十三条　对于在某一时点履行的履约义务，企业应当在客户取得相关商品控制权时点确认收入。在判断客户是否已取得商品控制权时，企业应当考虑下列迹象：

（一）企业就该商品享有现时收款权利，即客户就该商品负有现时付款义务。

（二）企业已将该商品的法定所有权转移给客户，即客户已拥有该商品的法定所有权。

（三）企业已将该商品实物转移给客户，即客户已实物占有该商品。

（四）企业已将该商品所有权上的主要风险和报酬转移给客户，即客户已取得该商品所有权上的主要风险和报酬。

（五）客户已接受该商品。

（六）其他表明客户已取得商品控制权的迹象。

第三章　计量

第十四条　企业应当按照分摊至各单项履约义务的交易价格计量收入。

交易价格，是指企业因向客户转让商品而预期有权收取的对价金额。企业代第三方收取的款项以及企业预期将退还给客户的款项，应当作为负债进行会计处理，不计入交易价格。

第十五条　企业应当根据合同条款，并结合其以往的习惯做法确定交易价格。在确定交易价格时，企业应当考虑可变对价、合同中存在的重大融资成分、非现金对价、应付客户对价等因素的影响。

第十六条　合同中存在可变对价的，企业应当按照期望值或最可能发生金额确定可变对价的最佳估计数，但包含可变对价的交易价格，应当不超过在相关不确定性消除时累计已确认收入极可能不会发生重大转回的金额。企业在评估累计已确认收入是否极可能不会发生重大转回时，应当同时考虑收入转回的可能性及其比重。

每一资产负债表日，企业应当重新估计应计入交易价格的可变对价金额。可变对价金额发生变动的，按照本准则第二十四条和第二十五条规定进行会计处理。

第十七条　合同中存在重大融资成分的，企业应当按照假定客户在取得商品控制权时即以现金支付的应付金额确定交易价格。该交易价格与合同对价之间的差额，应当在合同期间内采用实际利率法摊销。

合同开始日，企业预计客户取得商品控制权与客户支付价款间隔不超过一年的，可以不考虑合同中存在的重大融资成分。

第十八条　客户支付非现金对价的，企业应当按照非现金对价的公允价值确定交易价格。非现金对价的公允价值不能合理估计的，企业应当参照其承诺向客户转让商品的单独售价间接确定交易价格。非现金对价的公允价值因对价形式以外的原因而发生变动的，应当作为可变对价，按照本准则第十六条规定进行会计处理。

单独售价，是指企业向客户单独销售商品的价格。

第十九条　企业应付客户（或向客户购买本企业商品的第三方，本条下同）对价的，应当将该应付对价冲减交易价格，并在确认相关收入与支付（或承诺支付）客户对价二者孰晚的时点冲减当期收入，但应付客户对价是为了向客户取得其他可明确区分商品的除外。

企业应付客户对价是为了向客户取得其他可明确区分商品的，应当采用与本企业其他采购相一致的方式确认所购买的商品。企业应付客户对价超过向客户取得可明确区分商品公允价值的，超过金额应当冲减交易价格。向客户取得的可明确区分商品公允价值不能合理估计的，企业应当将应付客户对价全额冲减交易价格。

第二十条　合同中包含两项或多项履约义务的，企业应当在合同开始日，按照各单项履约义务所承诺商品的单独售价的相对比例，将交易价格分摊至各单项履约义务。企业不得因合同开始日之后单独售价的变动而重新分摊交易价格。

第二十一条　企业在类似环境下向类似客户单独销售商品的价格，应作为确定该商品单独售价的最佳证据。单独售价无法直接观察的，企业应当综合考虑其能够合理取得的全部相关信息，采用市场调整法、成本加成法、余值法等方法合理估计单独售价。在估计单独售价时，企业应当最大限度地采用可观察的输入值，并对类似的情况采用一致的估计方法。

市场调整法，是指企业根据某商品或类似商品的市场售价考虑本企业的成本和毛利等进行适当调整后，确定其单独售价的方法。

成本加成法，是指企业根据某商品的预计成本加上其合理毛利后的价格，确定其单独售价的方法。

余值法，是指企业根据合同交易价格减去合同中其他商品可观察的单独售价后的余值，确定某商品单独售价的方法。

第二十二条　企业在商品近期售价波动幅度巨大，或者因未定价且未曾单独销售而使售价无法可靠确定时，可采用余值法估计其单独售价。

第二十三条　对于合同折扣，企业应当在各单项履约义务之间按比例分摊。

有确凿证据表明合同折扣仅与合同中一项或多项（而非全部）履约义务相关的，企业应当将该合同折扣分摊至相关一项或多项履约义务。

合同折扣仅与合同中一项或多项（而非全部）履约义务相关，且企业采用余值法估计单独售价的，应当首先按照前款规定在该一项或多项（而非全部）履约义务之间分摊合同折扣，然后采用余值法估计单独售价。

合同折扣，是指合同中各单项履约义务所承诺商品的单独售价之和高于合同交易价格的金额。

第二十四条　对于可变对价及可变对价的后续变动额，企业应当按照本准则第二十条至第二十三条规定，将其分摊至与之相关的一项或多项履约义务，或者分摊至构成单项履约义务的一系列可明确区分商品中的一项或多项商品。

对于已履行的履约义务，其分摊的可变对价后续变动额应当调整变动当期的收入。

第二十五条　合同变更之后发生可变对价后续变动的，企业应当区分下列三种情形分别进行会计处理：

（一）合同变更属于本准则第八条（一）规定情形的，企业应当判断可变对价后续变动与哪一项合同相关，并按照本准则第二十四条规定进行会计处理。

（二）合同变更属于本准则第八条（二）规定情形，且可变对价后续变动与合同变更前已承诺可变对价相关的，企业应当首先将该可变对价后续变动额以原合同开始日确定的基础进行分摊，然后再将分摊至合同变更日尚未履行履约义务的该可变对价后续变动额以新合同开始日确定的基础进行二次分摊。

（三）合同变更之后发生除本条（一）、（二）规定情形以外的可变对价后续变动的，企业应当将该可变对价后续变动额分摊至合同变更日尚未履行的履约义务。

第四章　合同成本

第二十六条　企业为履行合同发生的成本，不属于其他企业会计准则规范范围且同时满足下列条件的，应当作为合同履约成本确认为一项资产：

（一）该成本与一份当前或预期取得的合同直接相关，包括直接人工、直接材料、制造费用（或类似费用）、明确由客户承担的成本以及仅因该合同而发生的其他成本；

（二）该成本增加了企业未来用于履行履约义务的资源；

（三）该成本预期能够收回。

第二十七条　企业应当在下列支出发生时，将其计入当期损益：

（一）管理费用。

（二）非正常消耗的直接材料、直接人工和制造费用（或类似费用），这些支出为履行合同发生，但未反映在合同价格中。

（三）与履约义务中已履行部分相关的支出。

（四）无法在尚未履行的与已履行的履约义务之间区分的相关支出。

第二十八条　企业为取得合同发生的增量成本预期能够收回的，应当作为合同取得成本确认为一项资产；但是，该资产摊销期限不超过一年的，可以在发生时计入当期损益。

增量成本，是指企业不取得合同就不会发生的成本（如销售佣金等）。

企业为取得合同发生的、除预期能够收回的增量成本之外的其他支出（如无论是否取得合同均会发生的差旅费等），应当在发生时计入当期损益，但是，明确由客户承担的除外。

第二十九条　按照本准则第二十六条和第二十八条规定确认的资产（以下简称“与合同成本有关的资产”），应当采用与该资产相关的商品收入确认相同的基础进行摊销，计入当期损益。

第三十条　与合同成本有关的资产，其账面价值高于下列两项的差额的，超出部分应当计提减值准备，并确认为资产减值损失：

（一）企业因转让与该资产相关的商品预期能够取得的剩余对价；

（二）为转让该相关商品估计将要发生的成本。

以前期间减值的因素之后发生变化，使得前款（一）减（二）的差额高于该资产账面价值的，应当转回原已计提的资产减值准备，并计入当期损益，但转回后的资产账面价值不应超过假定不计提减值准备情况下该资产在转回日的账面价值。

第三十一条　在确定与合同成本有关的资产的减值损失时，企业应当首先对按照其他相关企业会计准则确认的、与合同有关的其他资产确定减值损失；然后，按照本准则第三十条规定确定与合同成本有关的资产的减值损失。

企业按照《企业会计准则第8号——资产减值》测试相关资产组的减值情况时，应当将按照前款规定确定与合同成本有关的资产减值后的新账面价值计入相关资产组的账面价值。

第五章　特定交易的会计处理

第三十二条　对于附有销售退回条款的销售，企业应当在客户取得相关商品控制权时，按照因向客户转让商品而预期有权收取的对价金额（即，不包含预期因销售退回将退还的金额）确认收入，按照预期因销售退回将退还的金额确认负债；同时，按照预期将退回商品转让时的账面价值，扣除收回该商品预计发生的成本（包括退回商品的价值减损）后的余额，确认为一项资产，按照所转让商品转让时的账面价值，扣除上述资产成本的净额结转成本。

每一资产负债表日，企业应当重新估计未来销售退回情况，如有变化，应当作为会计估计变更进行会计处理。

第三十三条　对于附有质量保证条款的销售，企业应当评估该质量保证是否在向客户保证所销售商品符合既定标准之外提供了一项单独的服务。企业提供额外服务的，应当作为单项履约义务，按照本准则规定进行会计处理；否则，质量保证责任应当按照《企业会计准则第13号——或有事项》规定进行会计处理。在评估质量保证是否在向客户保证所销售商品符合既定标准之外提供了一项单独的服务时，企业应当考虑该质量保证是否为法定要求、质量保证期限以及企业承诺履行任务的性质等因素。客户能够选择单独购买质量保证的，该质量保证构成单项履约义务。

第三十四条　企业应当根据其在向客户转让商品前是否拥有对该商品的控制权，来判断其从事交易时的身份是主要责任人还是代理人。企业在向客户转让商品前能够控制该商品的，该企业为主要责任人，应当按照已收或应收对价总额确认收入；否则，该企业为代理人，应当按照预期有权收取的佣金或手续费的金额确认收入，该金额应当按照已收或应收对价总额扣除应支付给其他相关方的价款后的净额，或者按照既定的佣金金额或比例等确定。

企业向客户转让商品前能够控制该商品的情形包括：

（一）企业自第三方取得商品或其他资产控制权后，再转让给客户。

（二）企业能够主导第三方代表本企业向客户提供服务。

（三）企业自第三方取得商品控制权后，通过提供重大的服务将该商品与其他商品整合成某组合产出转让给客户。

在具体判断向客户转让商品前是否拥有对该商品的控制权时，企业不应仅局限于合同的法律形式，而应当综合考虑所有相关事实和情况，这些事实和情况包括：

（一）企业承担向客户转让商品的主要责任。

（二）企业在转让商品之前或之后承担了该商品的存货风险。

（三）企业有权自主决定所交易商品的价格。

（四）其他相关事实和情况。

第三十五条　对于附有客户额外购买选择权的销售，企业应当评估该选择权是否向客户提供了一项重大权利。企业提供重大权利的，应当作为单项履约义务，按照本准则第二十条至第二十四条规定将交易价格分摊至该履约义务，在客户未来行使购买选择权取得相关商品控制权时，或者该选择权失效时，确认相应的收入。客户额外购买选择权的单独售价无法直接观察的，企业应当综合考虑客户行使和不行使该选择权所能获得的折扣的差异、客户行使该选择权的可能性等全部相关信息后，予以合理估计。客户虽然有额外购买商品选择权，但客户行使该选择权购买商品时的价格反映了这些商品单独售价的，不应被视为企业向该客户提供了一项重大权利。

第三十六条　企业向客户授予知识产权许可的，应当按照本准则第九条和第十条规定评估该知识产权许可是否构成单项履约义务，构成单项履约义务的，应当进一步确定其是在某一时段内履行还是在某一时点履行。

企业向客户授予知识产权许可，同时满足下列条件时，应当作为在某一时段内履行的履约义务确认相关收入；否则，应当作为在某一时点履行的履约义务确认相关收入：

（一）合同要求或客户能够合理预期企业将从事对该项知识产权有重大影响的活动；

（二）该活动对客户将产生有利或不利影响；

（三）该活动不会导致向客户转让某项商品。

第三十七条　企业向客户授予知识产权许可，并约定按客户实际销售或使用情况收取特许权使用费的，应当在下列两项孰晚的时点确认收入：

（一）客户后续销售或使用行为实际发生；

（二）企业履行相关履约义务。

第三十八条　对于售后回购交易，企业应当区分下列两种情形分别进行会计处理：

（一）企业因存在与客户的远期安排而负有回购义务或企业享有回购权利的，表明客户在销售时点并未取得相关商品控制权，企业应当作为租赁交易或融资交易进行相应的会计处理。其中，回购价格低于原售价的，应当视为租赁交易，按照《企业会计准则第21号——租赁》的相关规定进行会计处理；回购价格不低于原售价的，应当视为融资交易，在收到客户款项时确认金融负债，并将该款项和回购价格的差额在回购期间内确认为利息费用等。企业到期未行使回购权利的，应当在该回购权利到期时终止确认金融负债，同时确认收入。

（二）企业负有应客户要求回购商品义务的，应当在合同开始日评估客户是否具有行使该要求权的重大经济动因。客户具有行使该要求权重大经济动因的，企业应当将售后回购作为租赁交易或融资交易，按照本条（一）规定进行会计处理；否则，企业应当将其作为附有销售退回条款的销售交易，按照本准则第三十二条规定进行会计处理。

售后回购，是指企业销售商品的同时承诺或有权选择日后再将该商品（包括相同或几乎相同的商品，或以该商品作为组成部分的商品）购回的销售方式。

第三十九条　企业向客户预收销售商品款项的，应当首先将该款项确认为负债，待履行了相关履约义务时再转为收入。当企业预收款项无需退回，且客户可能会放弃其全部或部分合同权利时，企业预期将有权获得与客户所放弃的合同权利相关的金额的，应当按照客户行使合同权利的模式按比例将上述金额确认为收入；否则，企业只有在客户要求其履行剩余履约义务的可能性极低时，才能将上述负债的相关余额转为收入。

第四十条　企业在合同开始（或接近合同开始）日向客户收取的无需退回的初始费（如俱乐部的入会费等）应当计入交易价格。企业应当评估该初始费是否与向客户转让已承诺的商品相关。该初始费与向客户转让已承诺的商品相关，并且该商品构成单项履约义务的，企业应当在转让该商品时，按照分摊至该商品的交易价格确认收入；该初始费与向客户转让已承诺的商品相关，但该商品不构成单项履约义务的，企业应当在包含该商品的单项履约义务履行时，按照分摊至该单项履约义务的交易价格确认收入；该初始费与向客户转让已承诺的商品不相关的，该初始费应当作为未来将转让商品的预收款，在未来转让该商品时确认为收入。

企业收取了无需退回的初始费且为履行合同应开展初始活动，但这些活动本身并没有向客户转让已承诺的商品的，该初始费与未来将转让的已承诺商品相关，应当在未来转让该商品时确认为收入，企业在确定履约进度时不应考虑这些初始活动；企业为该初始活动发生的支出应当按照本准则第二十六条和第二十七条规定确认为一项资产或计入当期损益。

第六章　列报

第四十一条　企业应当根据本企业履行履约义务与客户付款之间的关系在资产负债表中列示合同资产或合同负债。企业拥有的、无条件（即，仅取决于时间流逝）向客户收取对价的权利应当作为应收款项单独列示。

合同资产，是指企业已向客户转让商品而有权收取对价的权利，且该权利取决于时间流逝之外的其他因素。如企业向客户销售两项可明确区分的商品，企业因已交付其中一项商品而有权收取款项，但收取该款项还取决于企业交付另一项商品的，企业应当将该收款权利作为合同资产。

合同负债，是指企业已收或应收客户对价而应向客户转让商品的义务。如企业在转让承诺的商品之前已收取的款项。

按照本准则确认的合同资产的减值的计量和列报应当按照《企业会计准则第22号——金融工具确认和计量》和《企业会计准则第37号——金融工具列报》的规定进行会计处理。

第四十二条　企业应当在附注中披露与收入有关的下列信息：

（一）收入确认和计量所采用的会计政策、对于确定收入确认的时点和金额具有重大影响的判断以及这些判断的变更，包括确定履约进度的方法及采用该方法的原因、评估客户取得所转让商品控制权时点的相关判断，在确定交易价格、估计计入交易价格的可变对价、分摊交易价格以及计量预期将退还给客户的款项等类似义务时所采用的方法、输入值和假设等。

（二）与合同相关的下列信息：

1. 与本期确认收入相关的信息，包括与客户之间的合同产生的收入、该收入按主要类别（如商品类型、经营地区、市场或客户类型、合同类型、商品转让的时间、合同期限、销售渠道等）分解的信息以及该分解信息与每一报告分部的收入之间的关系等。

2. 与应收款项、合同资产和合同负债的账面价值相关的信息，包括与客户之间的合同产生的应收款项、合同资产和合同负债的期初和期末账面价值、对上述应收款项和合同资产确认的减值损失、在本期确认的包括在合同负债期初账面价值中的收入、前期已经履行（或部分履行）的履约义务在本期调整的收入、履行履约义务的时间与通常的付款时间之间的关系以及此类因素对合同资产和合同负债账面价值的影响的定量或定性信息、合同资产和合同负债的账面价值在本期内发生的重大变动情况等。

3. 与履约义务相关的信息，包括履约义务通常的履行时间、重要的支付条款、企业承诺转让的商品的性质（包括说明企业是否作为代理人）、企业承担的预期将退还给客户的款项等类似义务、质量保证的类型及相关义务等。

4. 与分摊至剩余履约义务的交易价格相关的信息，包括分摊至本期末尚未履行（或部分未履行）履约义务的交易价格总额、上述金额确认为收入的预计时间的定量或定性信息、未包括在交易价格的对价金额（如可变对价）等。

（三）与合同成本有关的资产相关的信息，包括确定该资产金额所做的判断、该资产的摊销方法、按该资产主要类别（如为取得合同发生的成本、为履行合同开展的初始活动发生的成本等）披露的期末账面价值以及本期确认的摊销及减值损失金额等。

（四）企业根据本准则第十七条规定因预计客户取得商品控制权与客户支付价款间隔未超过一年而未考虑合同中存在的重大融资成分，或者根据本准则第二十八条规定因合同取得成本的摊销期限未超过一年而将其在发生时计入当期损益的，应当披露该事实。

第七章　衔接规定

第四十三条　首次执行本准则的企业，应当根据首次执行本准则的累积影响数，调整首次执行本准则当年年初留存收益及财务报表其他相关项目金额，对可比期间信息不予调整。企业可以仅对在首次执行日尚未完成的合同的累积影响数进行调整。同时，企业应当在附注中披露，与收入相关会计准则制度的原规定相比，执行本准则对当期财务报表相关项目的影响金额，如有重大影响的，还需披露其原因。

已完成的合同，是指企业按照与收入相关会计准则制度的原规定已完成合同中全部商品的转让的合同。尚未完成的合同，是指除已完成的合同之外的其他合同。

第四十四条　对于最早可比期间期初之前或首次执行本准则当年年初之前发生的合同变更，企业可予以简化处理，即无需按照本准则第八条规定进行追溯调整，而是根据合同变更的最终安排，识别已履行的和尚未履行的履约义务、确定交易价格以及在已履行的和尚未履行的履约义务之间分摊交易价格。

企业采用该简化处理方法的，应当对所有合同一致采用，并且在附注中披露该事实以及在合理范围内对采用该简化处理方法的影响所作的定性分析。

第八章　附　则

第四十五条　本准则自 2018 年 1 月 1 日起施行。

图书在版编目（CIP）数据

新收入准则与企业所得税法差异分析/曹越，何振华，郭建华著. --北京：中国人民大学出版社，2020.6

ISBN 978-7-300-28156-8

Ⅰ.①新… Ⅱ.①曹…②何…③郭… Ⅲ.①企业会计-会计准则-研究-中国 ②企业所得税-税法-研究-中国 Ⅳ.①F279.23②D922.222.4

中国版本图书馆 CIP 数据核字（2020）第 092571 号

新收入准则与企业所得税法差异分析

曹　越　何振华　郭建华　著

Xinshouru Zhunze yu Qiye Suodeshuifa Chayi Fenxi

出版发行	中国人民大学出版社		
社　　址	北京中关村大街 31 号	**邮政编码**	100080
电　　话	010－62511242（总编室）		010－62511770（质管部）
	010－82501766（邮购部）		010－62514148（门市部）
	010－62515195（发行公司）		010－62515275（盗版举报）
网　　址	http://www.crup.com.cn		
经　　销	新华书店		
印　　刷	北京宏伟双华印刷有限公司		
规　　格	170 mm×230 mm　16 开本	**版　　次**	2020 年 6 月第 1 版
印　　张	16 插页 2	**印　　次**	2021 年 9 月第 2 次印刷
字　　数	157 000	**定　　价**	59.00 元